汉语知识丛书

短　语

范　晓

商务印书馆
创于1897 The Commercial Press

图书在版编目(CIP)数据

短语/范晓.—北京:商务印书馆,2000(2025.6重印)
(汉语知识丛书)
ISBN 978-7-100-03146-2

Ⅰ.①短… Ⅱ.①范… Ⅲ.①汉语-短语-基本知识
Ⅳ.①H146.3

中国版本图书馆CIP数据核字(2000)第28938号

汉语知识丛书
DUĂNYǓ
短　语
范　晓

商　务　印　书　馆　出　版
(北京王府井大街36号　邮政编码100710)
商　务　印　书　馆　发　行
北京虎彩文化传播有限公司印刷
ISBN 978-7-100-03146-2

1991年11月第1版　　开本787×1092 1/32
2025年6月北京第4次印刷　　印张6¼

定价:39.00元

目　　录

第一章　短语概况

一、什么是短语[①]

先看例子：

第一组：他来　　读书　　高山　　很好

第二组：给他钱　不很多　买新书　很有意义

第三组：笔墨纸砚　上街买油　派你去请他

上面这些都是短语，第一组是由两个词组成的，第二组是由三个词组成的，第三组是由四个词或五个词组成的。所以短语是由词组合而成的。是词的组合。但这样说还不够明确。准确的定义是：

短语是由两个或两个以上的词按照一定的结构方式构成的、能在句子里作某种成分的语法单位。

这个定义包含了四层意思：

（1）它是一种语法单位。这是指它不是语音单位或词汇单位。

（2）它能在句子里作某种成分。这是指它能在句子里作主

① 短语，有的语法书称作“词组”，也有的称作“结构”。本书称作短语，理由可参看吕叔湘《汉语语法分析问题》第10页和范晓《关于结构和短语问题》（《中国语文》1980年第3期）。

语、谓语、述语、宾语、定语、状语、补语、中心语，等等。

（3）它是由两个或两个以上的词组合起来的。这是指只有一个词不可能成为短语。

（4）它是按照一定的结构方式构成的。这是指两个以上的词合成短语时有一定的结构规律，而不是两个以上的词的任意堆砌。

短语跟词、句子一样，都是语法单位。因此要确定什么是短语，还得把它跟词、句子区别开来。

短语跟词比较，有相同的一面：它们都是造句的材料，都能在句子里作某种成分。它们的区别：短语是由两个或两个以上的词构成的，所以是比词高一级的语法单位。比如，“头发”是一个词；而“黄头发”、“短头发”、“剪头发”、“头发的故事”等，是由两个以上的词构成的，就成了短语。

短语跟句子比较，也有相同的一面，表现在：绝大多数的句子跟短语一样，是由两个以上的词构成的；它们的结构方式也有很大的一致性，如它们都有主谓式、述宾式等；它们都是句法研究的对象。但短语跟句子有本质区别，那就是：句子有表述性，每个句子都有特定的语调；而短语不具有表述性，没有特定的语调。例如“立正”、“向后转”，如果不在句内，或者在句内又作某个成分（如：“立正的时候”“不要向后转”），就没有特定的语调，这时是短语。如果在操场上进行军事训练，指挥员高喊：“立正！”“向后转！”这时就有特定的语调，具有了表述性，也就成为句子了。另外，一个词只要具有特定的语调，具有了表述性，也可成句，如“火！”“蛇！”而短语必须由两个或两个以上的词构成，一个词是不能构成短语的。所以短语跟句子的根本区别，不在于内部的词儿的数量，而在于有没有特定的语调和表述性。

短语在汉语的语法分析中显得特别重要。这表现在：

（1）要对句子进行分析，一定要讲短语。汉语的主谓句，其主语和谓语多数是由短语充当的。例如："你明白家里的难处就好了"，对这个句子进行分析，首先就得分析出主语和谓语。这句里的主语是名词"难处"么？显然不是。它是由主谓短语"你明白家里的难处"充当的。又如："她志气很大"，这句里主语是"她"，谓语是主谓短语"志气很大"。

（2）要对比较复杂的短语进行分析，也一定要讲短语。有些短语里面还套有短语。例如："哭坏了身体"，是个述宾短语。这述宾短语里的"述语"不是动词"哭"充当的，因为"哭身体"不通；若分析成述补短语"哭坏"作述语，"身体"作宾语，那就明白了。又如"提倡艰苦奋斗的精神"，也是个述宾短语。这个述宾短语里的宾语是名词"精神"么？不是；因为"提倡精神"是不能成立的。如果把定心短语"艰苦奋斗的精神"看作宾语，那就成为可以理解的了。还有，讲短语也有助于分析某些有歧义的复杂短语。例如"小王和小李的哥哥"这个短语，就有两种分析：

A　小王和小李的哥哥（定心短语）

B　小王和小李的哥哥（并列短语）

A 为定心短语，其中的定语是由并列短语"小王和小李"充当的；B 为并列短语，其中一个并列成分是由名词"小王"充当的，另一个并列成分是由定心短语"小李的哥哥"充当的。

（3）要确定和区别句型也一定要讲短语。大多数短语加上一定的语调，就可以成为句子；因此，短语与句子的结构基本上是一致的。把短语的结构分析清楚了，句子的格局也就比较容易了解。例如“他来吗？”这个句子是由主谓短语加上一定的语调构成的，所以可确定这个句子的句型是主谓句。又如“出太阳了！”这个句子是由述宾短语加上一定的语调构成的，所以这个句子的句型是述宾式的非主谓句。[①] 讲短语，还有利于对句型进行下位区分。比如同样是动词谓语句，如果充当谓语的短语不一样，还可替动词谓语句区分下位的句型。例如：

①他说了个故事。

②他走过来了。

③他走过去开门。

④他请我吃饭。

这四个句子都是主谓句里的动词谓语句，但它们的下位句型不一样：例①是述宾谓语句，因为该句子的谓语是由述宾短语“说了个故事”充当的；例②是述补谓语句，因为该句子的谓语是由述补短语“走过来”充当的；例③是顺递谓语句，因为该句子的谓语是由顺递短语“走过去开门”充当的；例④是兼语谓语句，因为该句子的谓语是由兼语短语“请我吃饭”充当的。

二、短语的分类

根据不同的目的，可以采取不同的标准替短语进行分类。

---

① 述宾式非主谓句跟省略了主语的主谓句表面类似，但实质不一样。比如：“你看什么书？”“看《红楼梦》。”这个“看《红楼梦》”便是省略了主语的主谓句，这种省略句表面上虽然也是述宾式，但可以补出主语。相反，述宾式非主谓句（如“出太阳了”之类）不需补出也无法补出主语。

常见的有三种短语分类法:(一)是根据内部的结构来分类,(二)是根据外部的功能来分类,(三)是根据内部词语之间结合的松紧程度来分类。

1. 根据内部的结构替短语分类

根据短语内部的结构,汉语短语首先可分为两大类型,即复合短语和派生短语。复合短语是由实词同实词构成的。派生短语是由实词同虚词构成的。[1] 然后对复合短语和派生短语可作进一步的分类。

(1)复合短语

复合短语是由两个或两个以上的实词按照一定的结构方式构成的。实词都能作句法成分,几个实词结合起来形成一定的句法结构关系。根据句法结构关系,复合短语可分为以下几类:

1)主谓短语。即由主语和谓语两部分组成的短语。例如“他跑”、“干劲足”、“意志坚强”等。

2)述宾短语。即是由述语和宾语两部分组成的短语。例如“喝茶”、“看电影”、“热爱故乡”、“硬着头皮”等。其中动词性词语[2] 作述语的叫做动宾短语,形容词性词语作述语的叫形宾短语。

3)定心短语。即是由定语及其中心语两部分构成的偏正短语。[3] 例如“黄头发”、“石头房子”、“美丽的校园”等。

---

① 把短语分作复合短语和派生短语两大类,可参看范晓《关于结构和短语问题》(《中国语文》1980年3期)。

② 本书所用“词语”这个术语,包括词和短语。如:动词性词语,包括动词和动词短语;名词性词语,包括名词和名词短语;等等。

③ 一般语法书把定心短语和状心短语称为“偏正短语”。

4）状心短语。即是由状语及其中心语两部分构成的偏正短语。[1] 例如“很热”、“刚动身”、“迅速前进”等。

5）述补短语。即是由述语和补语两部分构成的短语。例如“说清楚”、“来得早”、“跑一趟”、“好得很”等。其中动词性词语作述语的叫动补短语，形容词性词语作述语的叫形补短语。

6）兼语短语。即是由一个述宾短语和一个主谓短语套接在一起（形成述宾短语的宾语兼作主谓短语的主语）的短语。例如“请你作报告”、“推举小王当代表”、“督促他们完成任务”等。

7）顺递短语。即是由两个或两个以上谓词性词语连用在一起、具有顺递关系的短语。例如“上城里买布”、“去图书馆看书”、“开门走出去叫人”等。

8）并列短语。即是由两个或两个以上词语并列地组合在一起的短语。例如“我和他”、“学习并贯彻”、“聪明而勇敢”、“工农商学兵”等。

9）重叠短语。即是由两个或两个以上的相同的词语重叠在一起组成的短语。例如“去去去”、“青春啊青春”、“很重要很重要”等。

10）复指短语。即是由两个或两个以上的重复指称同一事物的词语所组成的短语。[2] 例如“司机老王”、“首都北京”、“小张他这个人”等。

---

① 见前页（第 5 页）注③。

② 本书所用“事物”这个术语，含义较广，包括人、物、事、处所、时间等等客观存在的一切事物。

（2）派生短语

派生短语是由实词（或短语）和虚词按照一定的结构方式构成的。派生短语组成部分的关系是实词与虚词的关系，虚词跟实词结合或附着在实词上。[①] 一个派生短语在句子中的作用相当于一个实词。派生短语可以根据所附着的虚词的性质分为以下几类：

1）方位短语。即是由方位词附着在实词（或短语）上组成的短语。如“桌子上”、“两国间”、“院子里”等。

2）量词短语。即是由量词附着在实词（或短语）上组成的短语。例如“一本”、“三次”、“四十五张”、“成千成万个”、“这件”、“那位”等。其中量词附着在数词上组成的短语叫数量短语，量词附着在指词上组成的短语叫指量短语。[②] 由物量词组成的量词短语叫物量短语，由动量词组成的短语叫动量短语。

3）介词短语。即是由介词跟实词（或短语）组成的短语。例如“从广州”、“对于这件事”、“关于那个问题”等。

4）助词短语。即是结构助词附着在实词（或短语）上构成的短语。助词短语主要有“的”字短语、“所”字短语和“似的”短语三种。

“的”字短语是指结构助词“的”附着在实词（或短语）上构成的能独立作主语或宾语的一种短语。例如“跌倒的是一个女人”、“看热闹的很多”、“有吃的，有穿的”里的“跌倒的”、“看热闹的”、“吃的”、“穿的”便是“的”字短语。

---

① 派生短语也有短语和虚词构成的。由于短语的功能相当于实词，所以派生短语概括为实词与虚词的关系。

② 指词，即“这”、“那”、“哪”等词，有的语法书称作“指示区别词”，它们也可作代词用，参看赵元任《汉语口语语法》第 257 页。

"所"字短语是指结构助词"所"附着在实词(或短语)上构成的短语。例如"所作"、"所为"、"所想"、"所爱"、"所不知道(的)"等。

"似的"短语是指结构助词"似的"(包括"一般"、"一样"等)附着在实词(或短语)上构成的短语。例如"小老虎似的"、"飞一样"、"鲜花一般"等。

2. 根据外部功能替短语分类,汉语的短语主要有四大类:(一)体词性短语,(二)谓词性短语,(三)点别词性短语,(四)副词性词语。

(1)体词性短语(也称名词短语)。这类短语的语法功能跟体词大体相当[①],它经常出现在主语、宾语的位置上,一般不能单独作谓语,不能用副词修饰。属于体词短语的主要有:定心短语、并列短语(限于体词性词语并列构成的)、复指短语、重叠短语(限于体词性词语重叠构成的)、方位短语、"的"字短语、"所"字短语。

(2)谓词性短语。[②] 这类短语的语法功能相当于谓词,它经常出现在谓语的位置上,可用副词修饰,出现在主宾语位置上是有条件的。属于谓词性短语的主要有:述宾短语、状心短语,述补短语、兼语短语、顺递短语、并列短语(限于谓词性词语并列构成的)、重叠短语(限于谓词性词语重叠构成的)、"似的"短语。主谓短语的功能性质,语言学界有不同的看法,本书把它看成为谓词性短语。因为它能作谓语;但它是一种较为特殊的谓词性短语。

---

① 体词包括名词和代词。有关词的功能类别,请参看本章末的附表。

② 谓词性短语里,以动词为中心的可称作动词短语,以形容词为中心的可称作形容词短语。

（3）点别词性短语。这类短语的语法功能跟点别词相当[①]，它经常出现在定语的位置上，一般不能单独作谓语，出现在主宾语位置上是有条件的。属于点别词短语的主要有：量词短语（限于物量短语）、并列短语（限于区别词或量词短语并列构成的）。[②]

（4）副词性短语。这类短语的语法功能相当于副词，它经常出现在状语的位置上，用来修饰谓词性词语，单独不能作谓语。属于副词性短语的主要有：介词短语、量词短语（限于动量词构成的动量短语）、重叠短语（限于副词或动量短语构成的）。

为清楚起见，将短语的功能分类与结构关系分类互相对照，列成下表：

功能类别	结构类别	实	例
体词性短语	定心短语	新衣服	他的父亲
	并列短语	他和我	桌子椅子
	复指短语	故乡北京	司机老王
	重叠短语	鱼呀鱼	谁谁谁
	方位短语	学校里	书桌上
	“的”字短语	吃的	看热闹的
	“所”字短语	所爱	所需

① 点别词包括指词、数词和区别词，有的语法书统称为“区别词”。参看赵元任《汉语口语语法》第256—261页。

② 量词短语有时可代替名词。当它起替代作用时，带有名词短词的性质。

（续）

功能类别	结构类别	实	例
谓词性短语	述宾短语	爱祖国	看书
	状心短语	很好	立刻完成
	述补短语	说清楚	哭一阵
	兼语短语	请他做报告	选小王当代表
	顺递短语	上城里买布	走出门去叫人
	并列短语	学习并贯彻	阅读和写作
	重叠短语	来来来	飞啊飞啊
	似的短语	小老虎似的	鲜花一般
	主谓短语	干劲足	意志坚强
点别词性短语	量词短语	三本	这件
	并列短语	大型中型小型	这个那个
副词性短语	介词短语	对于这件事	关于他
	量词短语	一次	一下子
	重叠短语	一次一次	一趟一趟

3. 根据短语内部词语之间的松紧程度来分类，汉语的短语可分为自由短语和固定短语两类。

（1）自由短语。即是指按照一定的结构规律能自由组合的短语，如“大”可跟其它词构成“很大”、“非常大”、“大桌子”、“大眼睛”、“房子大”、“困难大”等，就都是自由短语。自由短语里的词可以用相同功能的词互相替换，例如自由短语“看书”，可替换成“看报”、“看电影”、“买书”、“借书”等等。本书主要以自由短语作为研究对象。

（2）固定短语。是指内部词语相对固定而不能随意替换的词语。例如“大逆不道”、“大材小用”、“大名鼎鼎”、“大风大浪”、“大天白日”、“大言不惭”等，都是固定短语。这些固定短语不能随意用其它相同功能的词语替换，如“大天白日”不能说成“小天白日”或“大天黑日”、“大地白日”等，“大逆不道”不能说“小逆不道”等等。固定短语象自由短语一样，内部也有各种各样的句法结构关系，如“胸有成竹”、“孤掌难鸣”是主谓关系，“粉饰太平”、“顾全大局”是述宾关系，“门户之见”、“世外桃源”是定心关系，“孜孜不倦”、“安然无恙”是状心关系，“日新月异”、“虎头蛇尾”是并列关系，等等。

三、短语的合成和分析

1. 短语存在的形式

短语的存在形式有两种：一种是存在于句子之外的形式，一种是存在于句子之内的形式。存在于句子之外的短语，可称作句外短语。例如“吃饭”、“他的帽子”，这两个短语还未进入句子，即还未与现实发生特定的联系，尚未在表达思想进行交际中使用；因此它是一种静态形式或备用形式的短语。存在于句子之内的短语，可称作句内短语，它是从句子里分析出来的短语。例如“他帽子丢了”、“小王吃过饭了”里，短语“他帽子”、“吃过饭”便是句内短语。句内短语已与现实发生特定的联系，已经在表达思想进行交际中使用了；因此是一种动态形式或使用形式的短语。

关于短语存在的形式，我国语言学界过去曾经有过两种对立的意见：一种认为，短语先于句子而独立存在；另一种认为，短语存在于句子之中而不能独立于句子之外，短语离不开句子。这种分歧，主要是着眼的角度不一样而引起的。强调短语存在于句外的，是着眼于词和词结合起来可以构成短语；强调短语离不开句子的，是着眼于短语可以从句子里分析出来。各执一端，难免片面。如果注意到短语的存在可以有静态的，备用的句外的形式和动态的、使用的、句内的形式，这样的分歧也就可以消除了。

研究短语，不仅要研究句外的短语，也应研究句内的短语；既要研究在静态、备用时的一般构造规则及其功能的、语义的特点，也应研究动态使用中的变化规则及其语用的、修辞的特点；既要注意句内短语跟句外短语之间的相同之处，更应注意它们之间的不同之处。这样就可把短语的合成和分析结合起来，把静态的分析和动态的分析结合起来；就能比较全面地认识各种短语的特点及其用法。

2. 短语的合成

短语是两个或两个以上的词组合起来的，但并不是任何词放在一起都可以成为短语。比如“我”跟“很”这两个词，如果合成“我很”或“很我”，便不成话。又如“饭”跟“喝”这两个词，如果合成“喝饭”或“饭喝”也不能成立。这是因为，“我”跟“很”之间没有结合能力，“饭”跟“喝”之间没有搭配能力。没有结合能力或搭配能力的词凑合在一起，是不能成为短语的。

短语的合成，必须有两个基本条件：一是在语法功能上必须能互相结合（可结合性），二是在词汇意义上必须能互相搭配（可联系性）。“我很”、“很我”之所以不能合成短语，是不符合第一个条件；“喝饭”、“饭喝”之所以不能合成短语，是不符合第二条件。

从语法功能上看，词与词结合是有规律的，句外短语合成的主要规律有：

（1）“名词＋动词”、“名词＋形容词”，通常合成主谓短语，如“他来”、“兔子跑”、“信心足”等。但表示处所或时间的名词在动词之前，有时可合成状心短语，如“明天见”、“北京见”等。

（2）“动词＋名词”，通常合成为动宾短语，如“读书”、“看戏”、“摘棉花”等。某些双音节的动词跟名词结合，有时也可构成定心短语，如“调查报告”“参考消息”等。

（3）“形容词＋名词”，通常合成为定心短语，如“小商店”、“淡颜色”、“聪明人”等。但某些形容词在名词之前有时可合成为形宾短语，如“高他一个头”之类。

（4）“动词＋形容词”，通常合成为述补短语，如“弄坏”、“打扫干净”等。但有时也可合成为主谓短语，例如“学习认真”、“说话清楚”等。

（5）“区别词＋名词”，通常合成为定心短语，如“野生动物”、“大型拖拉机”、“国产电冰箱”等。

（6）“数词＋量词”或“指词＋量词”，通常合成为量词短语（数量短语或指量短语），如“三个”、“五本”、“这位”、“那件”等。“量词短语＋名词”，通常构成定心短语，例如“三个人”、“五本书”、“这位先生”、“那件东西”等。

（7）“副词＋谓词”，通常合成为状心短语，如“经常讨论”、

“非常勇敢”、“不应该”等。

（8）“形容词+动词”，通常合成为状心短语，如“认真学习”、“热烈欢迎”、“快跑”等。

（9）“名词+方位词”，通常合成为方位短语，如“床上”、“桌子下”、“箱子里”等。

（10）“介词+名词”，通常合成为介词短语，如“从浙江”、“在晚上”、“关于那个问题”等。

语文习作中的“扩词”或“组词”练习，就是训练学生合成句外短语的一种方法。比如“好”这个词，如果要扩展成为句外短语，根据一般的规律，可以合成这样一些短语：

第一组：很好　　不好　　非常好

第二组：他好　　天气好　　脾气好

第三组：好人　　好天气　　好脾气

这里第一组合成为状心短语，第二组合成为主谓短语，第三组合成为定心短语。

“扩词”或“组词”的时候，单注意功能上能互相结合还不够，还要注意语义上具有搭配的可能性。前者讲“合法”，后者讲“合理”，合法又合理，才能合成一个正确的短语。比如有这么两组词：

A. 歌声　前途　风景　道路　节目

B. 光明　优美　精采　嘹亮　宽阔

这里A组是名词，B组是形容词。功能上A组词跟B组词能合成为主谓短语。但A组中的词跟B组中的词搭配时语义上具有选择性，并不是A组中的任何词跟B组中的任何词都可搭配成主谓短语。根据功能上的可结合性和语义上的可联系性，上述两组词可合成主谓短语“歌声嘹亮”、“前途光明”、“风景优美”、“道路宽阔”、“节目精采”，或合成定心短语“光明的前途”、“优美的风景”、“宽阔的道路”、“精采的节目”。如果合成为“歌声光明”、“前途优美”、“风景精采”、“道路嘹亮”、“节目宽阔”，或合成为“光明的歌声”、“宽阔的节目”等，语义上搭配不当，便不通了。

3. 短语的分析

短语的分析，主要着眼于句内短语。句内短语不是通过“扩词”来合成，而是从具体句子里切分或剖析出来的。比如：“今天的天气真好啊！”这个句子至少可分析出两个短语：“今天的天气”（定心短语）和“真好”（状心短语）。又如：“她妹妹哭红了眼睛。”这句话至少可分析出这些短语：“他妹妹”（定心短语）、“哭红了眼睛”（述宾短语）、“哭红”（述补短语）。汉语里大多数句子都是由短语互相连接或套合而成的。分析句内短语，有两点值得注意：

第一点：要注意复杂短语的层次关系

句子里分析出来的短语，有的比较简单，只是两个词构成的，可称作简单短语；有的比较复杂，组成短语的词（实词）比较多，可称作复杂短语。简单短语只有一个层次，组成它的直接成分都是一个词，例如“她很聪明”这个句子里，“很聪明”便是一个简单短语，是个状心短语，状语是一个词（很），中心语也是一个词（聪明）。复杂短语有两个以上的层次，它的直接成分可以是一个词，也可以是一个短语，例如“我朋友的妹妹买了一件非常漂亮的衣服。”这个句子的主语是由一个短语（我朋友的妹妹）充当的，谓语也是由一个短语（买了一件漂亮的衣服）充当的。

对复杂短语进行分析，一定要注意层次关系。“我朋友的妹妹”和“买了一件漂亮的衣服”这两个复杂短语的层次关系可图示如下：

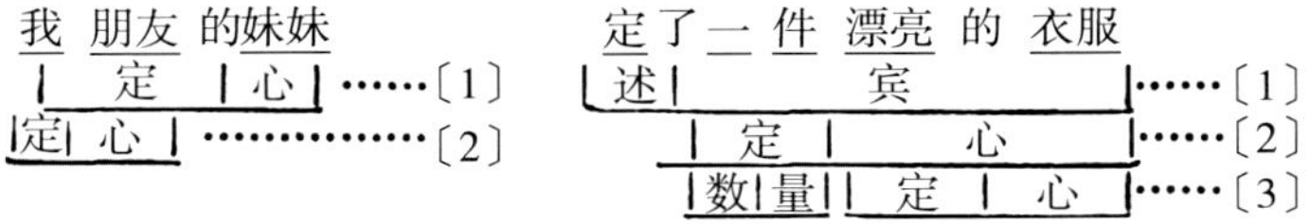

从上边图里，可看出“我朋友的妹妹”有两个层次，“买了一件漂亮的衣服”有三个层次，它们都是大短语里套着小短语。这还是简单的，比这复杂得多的、层次更多的短语有的是。在多数情况下，复杂短语层次的多少、复杂的程度，跟该短语中实词数量的多少、短语的长度成正比例。

一个复杂短语的结构性质，是由它总体的结构关系决定的，也就是由该短语的最外层（第一层次）的直接成分之间的结构关系决定的。比如“我妹妹的朋友”，这短语第一层次的直接成分是“定语+中心语”，就可确定它是定心短语；又如“买了一件漂亮的衣服”，这短语第一层次的直接成分是“述语+宾语”，就可断定它是述宾短语。

第二点：要注意句内短语跟句外短语之间的差异

句内短语和句外短语比较在许多情况下是一样的，例如“我的弟弟认识你”、“这件衣服很华丽”中，句内短语“我的弟弟”、“认识你”、“这件衣服”、“很华丽”跟它在句外的形式完全一样。但是，句外短语变成句内短语时，常要根据表达的需要进行加工（包括加添、删除、并合、移位等），因此句内短语有时又跟句外短语不一样。这种不一样，主要表现在：

（1）有些句内短语跟句外短语比较，增添了一些东西。例如“他嘛走了，我可以休息了”句中，主谓短语“他嘛走”里有个语气助词“嘛”，这在句外短语里是不需要出现的。又如“明天，捆上城去，给他在那个，那个城隍庙里，搁一夜……”（鲁迅《长明灯》）。这句话里的短语“在那个那个城隍庙里”，跟句外短语“在那个城隍庙里”不一样，多出了一个“那个”这是作者有意增添的，是为了表示小说中的人物郭老娃那种迟钝的、边想边说的情景。这对刻画人物是有作用的。

（2）有些句内短语跟句外短语比较，省略了一些东西。例如“上海的天气比南京好”，这句里的短语“比南京好”，实际上应是“比南京的天气好”，省略了定语“南京”后边的中心语。有些定心短语在句外要用结构助词“的”，但在句内可省略“的”。例如“你妈和你妹都好啊”（达理《除夕夜》），这句中的定心短语“你妈”“你妹”中间没有结构助词“的”，它们在句外的形式应是“你的妈妈”、“你的妹妹”。

（3）有些句内短语跟句外短语比较，内部成分的位置有所变动。句外的主谓短语里，谓语在主语之后，如“他走”不能说成“走他”；但在句子里，借助于语调（或语气词），有时可以移位，即谓语移到主语之前，如“走了吗，他？”便是。句外的状心短语的语序是状语在中心语之前，如“慢慢地走”；但在句子里有时也可移位，如“他走过来了，慢慢地慢慢地”中，状语移到了中心语之后。

（4）有些词语在语义上没有搭配能力，因此不能在句外构成短语；但由于表达的需要，突破了句外短语的构造规律，在句内却可构成短语。例如：“欢乐”跟“篝火”这两个词，语义上没有联系，因为“篝火”是无生命的事物，不可能有心理活动，因此不能构成“篝火欢乐”或“欢乐篝火”。但却有：“广场上又烧起了欢乐的篝火”（曲波《林海雪原》）这样的句子，这句里的短语“欢乐的篝火”是一种拟人化的手法。又如“乾隆”（皇帝名）跟“奶奶”这两个词，只能合成为定心短语“乾隆的奶奶”，而不能合成复指短语“乾隆奶奶”，因为乾隆皇帝是男性的。但在达理的小说《除夕夜》中却有这样的句子：

> 柴师傅摇摇头说，“北京是京都，才叫‘都一处’……那是乾隆爷起的名儿啊！”“什么乾隆爷、乾隆奶奶的！”红脸汉子眉飞色舞地挥着手臂。

这是在一定的语境里连类而及仿造出的一个复指短语：有了个复指短语“乾隆爷”，仿造出另一个复指短语“乾隆奶奶”。

（5）有些词语在功能上没有结合能力，因此在句外不能构成短语；但由于表达的需要，突破了句外短语的构造规律，在句内却构成了短语。例如名词一般不能跟副词组合成短语，不能说“很桌子”、“不人”之类；但有“这人画得山不山水不水的”这样的句子，这“不山”“不水”就是句内短语。又如在句外，不可能有名词作述语构成的述补短语，但在句中有时会出现。例如鲁迅《风马牛》一文中有这样的话：

> 牛马同是哺乳动物，为了要“顺”，固然混用一回也不关紧要，但究竟马是奇蹄类，牛是偶蹄类，有些不同，还是分别了好，不必“出到最后的一册”的时候，偏要“牛”一下子。

这“牛一下子”便是“名词+动量短语”合成的述补短语。由于表达的需要，名词“牛”在这里临时当作动词使用，充当述语，这乃是修辞上的“转类”格。“转类”，从语法上看，都是要突破句外短语功能上的结合规律的。

总之动态的、使用的、句内的短语跟静态的、备用的、句外的短语比较，常会显现出差别来的。它有时会突破句外短语里的构成规律或规则（包括功能的或语义的限制），如前边举的“乾隆奶奶”、“牛一下子”之类便是。这种短语从静态角度来看是不合理或不合法的，从动态角度来看，能准确地、有效地表达思想，就应当看作合理的、合法的。动态的句内短语要不要突破静态的句外短语的构成规律，怎样突破，也是有一定的规律的。其基本规律是：要适应表达的需要。具体句子中短语表现形式的多样性正是适应了各种表达的需要，因此，在分析句内短语的时候，不但要从功能、语义角度进行分析，还要从语用角度进行分析。

附表：汉语词类表

实词	体　词	1. 名词	人	树	房子	
		2. 代词	我	你	他	我们
	谓　词	3. 动词	吃	看	走	邀请
		4. 形容词	红	高	聪明	伟大
	点别词	5. 数词	一	三	五	十
		6. 指词	这	那	每	各
		7. 区别词	男	金	国产	大型
	副　词	8. 副词	不	很	已经	忽然

虚词	9. 方位词	上	下	里	外
	10. 量词	个	本	块	辆
	11. 介词	从	把	对于	关于
	12. 连词	和	而	并	如果
	13. 助词	的	得	所	似的
	14. 语气词	吗	嘛	啊	呢
	15. 拟声词	啪	叮当	哗啦	轰隆隆
	16. 感叹词	喂	嗯	哦	哎哟

第二章　主谓短语

一、什么是主谓短语

两直接成分之间具有主谓关系的短语，叫做主谓短语。也就是说，主谓短语由两个直接成分组成，其中一个是主语，另一个是谓语。主谓关系是一种陈述、被陈述的关系，主语表示被陈述的对象，谓语是陈述的部分。例如：

鸡叫	我去	他睡觉	小王笑
天气好	身体健康	头发花白	树木葱茏
影响深远	前途光明	规模宏大	经验丰富

以上这些短语都是主谓短语。以“鸡叫”来说，“鸡”是主语，是被陈述的对象，“叫”是谓语，是陈述“鸡”的，“鸡”和“叫”之间具有陈述和被陈述的关系即主谓关系，所以“鸡叫”是主谓短语。

主谓短语里的主语和谓语的排列次序一般是固定的，主语在前，谓语在后。如果变动次序，就会产生两种情形：一种是会改变结构关系，即变成其它类型的短语。例如“天气好”变为“好天气”，主谓短语便变成偏正短语；“小王笑”变为“笑小王”，主谓短语便变为述宾短语。另一种是变得不通。例如

注：在本章的例句里，浪线（～～～）表示主谓短语。

“鸡叫”变成“叫鸡”，不成话；“他睡觉”变成“睡觉他”也不能成立。

主谓短语加上一定的语调或句末语气词，可以成为主谓句。例如：

①鸡叫了。

②〔谁在笑？〕小王笑。

③天气好吗？

在上面三个例子里，“鸡叫”“小王笑”“天气好”由于带上了一定的语调或语气词，便都成为句子了。作为句子，“鸡”、“小王”、“天气”成了句子的主语，“叫”、“笑”、“好”成了句子的谓语，所以这三个句子都是主谓句。

主谓句是汉语里最常见最基本的句子格局（句型），而主谓短语与主谓句的结构是一致的（内部都是主谓关系）。着眼于这一点，有些语法书把主谓短语称为“句子形式”。主谓短语跟句子比较虽有这相同之处，但有本质差别：

第一，句子与一定的现实发生特定的联系，因此它带有一定的语调或句末语气词；但主谓短语是短语的一种，它本身不带语调或句末语气词。

第二，主谓短语可以作为句子内部的一个成分，例如：“鸡叫的时候，我已经起床了”这个句子里，“鸡叫”只是作为“时候”的定语而存在的；又如“他身体健康吗”这个句子里，“身体健康”陈述“他”，是作为谓语而存在的。这两句里的“鸡叫”、“身体健康”都包含在一个句子里，显然跟句子不一样。

第三，句子也不全是主谓结构。例如“下雨了”、“多好的月亮啊”，这样的句子叫做“非主谓句”；主谓短语跟这类句子的结构也是不同的。有时，主谓短语甚至也可能做非主谓句里的一个成分。例如“禁止机动车通行”是个非主谓句，主谓短语“机动车通行”在这个非主谓句里作动词“禁止”的宾语。

第四，主谓句在特定的语境里（或是表示说话的急迫，或是表示某种强烈的感情，等等）可以变动主语和谓语的位置，如“怎么啦，他？”而主谓短语内主语和谓语的位置相对固定，不可移位。汉语的主谓短语大体上相当于英语的clause，但要注意不完全相同，主要表现在：首先确定clause、主谓短语的根据不一样：英语里的clause是根据限定动词（finite verb）来确定的，一个句子里有几个限定动词，就是有几个clause。比较：

①The man who came yesterday is a steel worker.

（昨天来的那个人是个钢铁工人）

②I am glad to see you.

（我见到你很高兴）

例①句里有两个动词（came，is），它们都是限定动词，那就有两个clause；例②句里虽也有两个动词，但其中一个（am）是限定动词，另一个（see）是非限定动词（non-finite verb），那就只有一个clause。而汉语里由于动词没有限定动词和非限定动词的区别，所以不能根据限定动词多少来确定主谓短语，而要根据结构体内部直接成分间有没有主谓关系来确定。例如“昨天来的那个人是个钢铁工人”，这样的句子里的“昨天来”就不是主谓短语，因为“昨天来”这个结构体里没有主语。但在“那个人昨天来的时候带着两大包东西”这样的句子里，“那个人昨天来”便是主谓短语了，因为“那个人”和“昨天来”构成主谓关系。其次，作定语时的位置不一样：汉语的主谓短语作定语时放在被修饰成分的前边，如“你刚才见过的那个人是我的老师”这个句子里，“你刚才见过”是个主谓短语，放在被修饰成分“那个人”的前边，作定语修饰“那个人”。上例译成英语，则成：The man you have just seen is our teather，句子里的you have just seen是个clause，作定语修饰the man，却放在被修饰成分the man的后边。另外，英语里的从句或分句都被看作为clause；但汉语里的从句或分句有的是由一个主谓短语构成的，有的却不是主谓短语构成的。例如：“如果下雨，你就不必来了。”这个句子里的从句“下雨”便不是主谓短语。

二、主谓短语的构造

主谓短语由主语和谓语组成。作主语的通常是体词性词语（包括名词、代词以及名词性短语），作谓语的通常是谓词性词语（包括动词、形容词以及谓词性短语），具体分析起来，主要有以下三类。

1. “名词性词语+动词性词语”构成的主谓短语。例如：

①院子里狗咬，鸡叫。（周立波《暴风骤雨》）

②出去一看，只见豆撒得满地。（鲁迅《祝福》）

③我愿这大好秋色永驻人间。（峻青《秋色赋》）

④他吃了他妈给他烙的馍。（柳青《创业史》）

上边例①里的“狗咬、鸡叫”等主谓短语是由“名词+动词”构成的，例②里的主谓短语“豆撒得满地”是由“名词+动词短语”构成的，例③④里的“这大好秋色永驻人间”、“他妈给他烙”等主谓短语是由“名词短语+动词短语”构成的。

2.“名词性词语+形容词性词语”构成的主谓短语。例如：

①他大概有四十岁了，身材魁梧，举止威严。（茅盾《子夜》）

②天空的薄云，往往是天气晴朗的象征。（初中课本语文第一册《看云识天气》）

③你身体很坏，把这件背心穿在身上吧。（杨沫《青春之歌》）

④杜善人和唐抓子外貌十分不同。（周立波《暴风骤雨》）

这里例①②里的“身材魁梧”、“举止威严”、“天气晴朗”等主谓短语都是由“名词+形容词”构成的，例③④里的“身体很坏”、“外貌十分不同”等主谓短语是由“名词+形容词短语”构成的。

3.“代词+谓词性词语”构成的主谓短语。例如：

①娘的脾气你知道。（朱自清《阿河》）

②他回来的时候，我正在吃饭。

③我现在还保存着他送给我的那副羊毛手套。（杨沫《房客》）

④从迈儿起，你总是自己喂乳，一连四个都这样。（朱自清《给亡妇》）

这里例①②里的主谓短语“你知道”、“他回来”是由“代词+动词”构成的，例③④里的主谓短语“他送给我”、“自己喂乳”是由“代词+动词性短语”构成的。“代词+形容词”有时也可构成主谓短语。例如：“他的目标不只做到自己富，还要做到大家富。”

这句里的“自己富”、“大家富”便是由代词和形容词构成的。

除上述主要的三类外，还有少数主谓短语是由“谓词性词语+谓词性词语”构成的。例如：

①他嘴里含着东西，说话不清楚。

②原材料进口增长，汽车家电进口减少。（《文汇报》）

这里例①中主谓短语“说话不清楚”是由“动词性词语+形容词性词语”构成的，例②中主谓短语“进口增长”、“进口减少”是由“动词性词语+动词性词语”构成的。也还有少数主谓短语是由“名词性词语+数量短语”或“数量短语+数量短语”构成的。例如：

①这两天的价钱是糙米五块，谷三块。（叶圣陶《多收了三五斗》）

②福兴楼的清燉鱼翅，一元一大盘。（鲁迅《祝福》）

这里例①中的主谓短语“糙米五块”、“谷三块”是由“名词性词语+数量短语”构成的。例②中的主谓短语“一元一大盘”是由“数量短语+数量短语”构成的。

作主语的词语和作谓语的词语之间，有一定的语义关系。就“体词性词语+谓词性词语”构成的主谓短语内部的语义结构而言，常见的有以下几种：

（1）“施事+动作”（“施事”是指动作的发出者）。

例如：

鸡叫的时候（“鸡”是“叫”的施事）

我给他的一本书（“我”是“给”的施事）

（2）“受事+动作”（“受事”是指动作的接受者）。例如：

那个衣服被撕破的人（“衣服”是“撕”的受事）

电影放映的时候（“电影”是“放映”的受事）

（3）“工具+动作”（“工具”是指动作所凭借的工具）。例如：

刀砍的痕迹（“刀”是“砍”的工具）

毛笔写的字（“毛笔”是“写”的工具）

（4）“处所+动作”（“处所”是指动作或事件发生的处所）。例如：

我知道图书馆藏着三万册书（“图书馆”是“藏书”的处所）

发现河面上飘着许多羽毛（“河面上”是“飘着许多羽毛”的处所）

（5）“客体+非动作”（“客体”是指说明或描写的对象，“非动作”是指对客体的说明或描写）。例如：

我知道他是北京人（“他”是客体，“是北京人”是对“他”的判断或说明）

天气晴朗的日子（“天气”是客体，“晴朗”是描写“天气”的）

三、主谓短语的用途

主谓短语在句子里可以充当各种成分，包括作谓语、主语、宾语、定语、补语、状语等。但它作各种成分时都是有一定条件的。

1. 主谓短语作谓语。例如：

①他身材高大。（鲁迅《孔乙己》）

②我最近身上不大舒服。（曹禺《北京人》）

③他社会工作很积极，学习成绩却不行。（刘心武《我爱每一片绿叶》）

④你的手段我早明白。（曹禺《雷雨》）

⑤她爱人我也熟悉。（西戎《在住招待所的日子里》）

主谓短语作谓语的句子里，主语大都含有话题的性质，谓语一般是对主语进行描写或说明。主谓短语能作谓语，有时还能受副词修饰（如例②的“最近”修饰主谓短语“身上不大舒服”）。主谓短语作谓语构成的句子，叫作主谓谓语句（详见第四节）。

2. 主谓短语作主语。例如：

①你明白家里的难处就好了。（孙犁《荷花淀》）

②洋磁面盆刮刮叫，四角一只真公道。（叶圣陶《多收了三五斗》）

③洞庭湖产珍珠，却是近几年的事。（谢璞《珍珠赋》）

④我最后见他，是在三月十八日早上，天安门下电车时。（朱自清《哀韦杰三君》）

⑤晚霞在东，表示最近几天里天气晴朗。（初中课本语文第三册《看云识天气》）

⑥牛骨头炖野菜，闻起来香喷喷的，可一吃起来就不是滋味。（刘坚《草地晚餐》）

主谓短语作句子的主语，大都表示“事”，特别是在判断句里，如例③的“洞庭湖产珍珠”，便很典型；有的也表示“物”，如例⑥的“牛骨头炖野菜”，便是一种食物。在主谓短语作主语的句子里，谓语一般是对主语进行描写、判断或说明的。作谓语或谓语中心词的大都是形容词和表示判断或说明的动词；但也有少数是动作动词，如例⑥便是。

3. 主谓短语作宾语。例如：

①愫方，我知道你心里在怨我。（曹禺《北京人》）

②她希望我能出席这个现场会。（马烽《结婚现场会》）

③大伙觉得他怪。（刘心武《我爱每一片绿叶》）

④这就证明了前线确是吃紧。（茅盾《子夜》）

⑤昨天夜里，我做了一个奇怪的梦，梦见自己变成一只小蜜蜂。（杨朔《荔枝蜜》）

⑥我吃牛骨头煮野菜，营养好得很。（刘坚《草地晚餐》）

主谓短语作宾语，大都也表示“事”，例如①“你心里在怨我”，便是“我知道”的一件事；有时也可表示“物”，如例⑥的“牛骨头煮野菜”，便是一种食物。主谓短语作宾语的句子里，宾语前的动词常见的有“知道、觉得、记得、相信、认为、以为、证明、表明、发现、主张、希望”等等。

4. 主谓短语作定语。例如：

①天亮的时候，雨停了。（王愿坚《七根火柴》）

②鸡叫的时候，水生才回来。（孙犁《荷花淀》）

③她，头发都白了的可怜的妈妈，简直就象个痴情的女孩子。（张洁《爱，是不能忘记的》）

④这首歌写尽了日本人春天看樱花的举国若狂的胜况。（冰心《樱花赞》）

⑤激光是一种颜色最单纯的光。（初中课本语文第三册《奇特的激光》）

⑥嘴唇上有一撮“牙刷须”的李壮飞突然变了脸色。（茅盾《子夜》）

主谓短语作定语，修饰后边的名词性成分，大都表示限制性的，如例①的“天亮”、例②的“鸡叫”便是限制“时候”的。但有时也有表示描写性的，如例③的“头发都白了”便是描写“妈妈”的。一般地说，主谓短语中的谓语如果是动词性词语，则是对中心语起限制作用的；如果是形容词性词语，则是对中心语起描写作用的。

要注意把主谓短语作定语修饰名词跟名词（或代词）作定语修饰定心短语区别开来。比较：

①烛光照耀着小明端出的盘子。

②烛光照耀着小明张开的嘴。

例①的“小明端出的盘子”和例②的“小明张开的嘴”表面上都是“名$_1$+动+名$_2$”构成的名词性短语，但二者实际上不一样的：例①里主谓短语“小明端出”作“盘子”的定语；例②是名词“小明”作名词短语“张开的嘴”的定语，“小明张开”虽隐含着主谓关系，但在这里却无直接关系。用图剖析，就显得十分清楚：

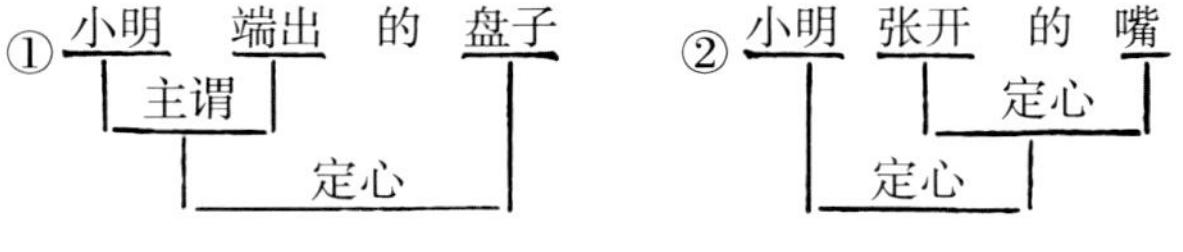

上述这种区别有形式特征，可用名$_1$后能否加“的”来检验。主谓短语作定语的“名$_1$+动+名$_2$”里，名$_1$后不能加“的”，如不能说“小明的端出的盘子”；但名词修饰定心短语的“名$_1$+动+名$_2$”里，名$_1$后可加“的”，如可说成“小明的张开的嘴”。

5. 主谓短语作补语。例如：

①小梅激动得心都要跳出来了。（袁静《新儿女英雄传》）

②她的女伴霎时变得脸色苍白。（李陀《愿你听到这支歌》）

③艾艾喜得满脸笑涡。（赵树理《登记》）

④我累，累得心甜。（王小鹰《片段》）

⑤〔老孙头〕吓得脸象窗户纸似的煞白。（周立波《暴风骤雨》）

主谓短语作补语时，前边都有表示述补关系的结构助词“得”。主谓短语里的主语大都从属于句子的主语，如例①的主谓短语中的主语“心”便是属于句子的主语“小梅”的。

6. 主谓短语作状语。例如：

①阿多头也不回地跑回家去。（茅盾《春蚕》）

②叶子本是肩并肩密密地挨着。（朱自清《荷塘月色》）

③两个人手拉手跳崖自杀了。（马烽《结婚现场会》）

④妻子态度坚决地说出了这几句话。（朱敏慎《她四十五岁》）

⑤父亲穿着丝质睡衣，伛偻着背，神情懊丧地抽着烟斗。（张贤亮《灵与肉》）

主谓短语作状语，后边大都带有结构助词“的”（书面上写作“地”或“的”）。主谓短语的主语和句子的主语之间大都也有从属关系，如例①主谓短语的主语“头”是属于句子的主语“阿多”的。主谓短语的主语通常表示人的身体的部分或心理。主谓短语作状语是用来描写句子的主语所代表的人发出某种动作行为时他身体上或心理上的某种状态。

四、主谓短语作谓语的句子（主谓谓语句）

由主谓短语作谓语构成的句子，称作主谓谓语句。汉语里存在着主谓谓语句这种句型，跟印欧语言比较，是一个很重要的特点。主谓短语作谓语有各种情形，为叙述方便，我们把整个句子的主语称作大主语，把句子中作谓语的那个主谓短语的主语称作小主语，如“她眼睛很大”里，“她”是大主语，“眼睛”是小主语。又把整个句子的谓语称作大谓语，把句子中作大谓语的那个主谓短语的谓语称作小谓语，如“她眼睛很大”里，“眼睛很大”是大谓语，“很大”是小谓语。主谓短语作谓语的句子主要有以下几种情形：

1. 小主语和大主语之间有领属关系。例如：

①她耳朵聋，没听见。（曹禺《北京人》）

②我肚子饿了。（谭谈《山道弯弯》）

③达坂城的姑娘辫子长呀，两个眼睛真漂亮。（张贤亮《肖尔布拉克》）

④现在的大青山，树木不多。（翦伯赞《内蒙访古》）

⑤故宫建筑群规模宏大。（黄传惕《故宫博物院》）

以上这类主谓短语作谓语的句子，大谓语主要用来描写大主语所表示的人或物。它跟某些形容词谓语句有纠缠，应加以区别，比较：

A 组	B 组
我肚子饿了	我的肚子饿了
我身体不太舒服	我的身体不太舒服

A 组和 B 组有共性：形容词前边的两个名词性词语都具有领属

关系，如“我”领有“肚子”，“肚子”隶属于“我”；表现的意思也基本相同。但是它们是不同的句型，A组是主谓谓语句，B组是形容词谓语句。它们有形式上的区别：一则，B组的两个名词性词语之间有个结构助词“的”，而A组却没有；二则，A组的两个名词性词语之间可插加状语来修饰后边的成分（例如上述句子可说成“我的确肚子饿了”、“我最近身体不太舒服”），而B组则不行。

2. 小主语和大主语之间具有复指关系，即小主语复指大主语。例如：

①前几天野鸡岗一役，最精锐的新编第一师全军覆没。（茅盾《子夜》）

②西半城的车夫们谁不晓得虎妞和祥子。（老舍《骆驼祥子》）

③巫山十二峰各有各的姿态。（刘白羽《长江三峡》）

④姚志兰和吴天宝，一个是电话员，一个是火车司机。（杨朔《三千里江山》）

⑤沙滩上的人，有的躺在那软绵绵的沙滩上睡着了。（峻青《海滨仲夏夜》）

⑥他们三个一群，五个一簇，拖着短短的身影在狭窄的街道上走。（叶圣陶《多收了三五斗》）

这类主谓谓语句中的小主语是复指全句主语的。有的是全指，即小主语所指称的等于大主语所指的全体，如例①②③便是；有的是偏指，即小主语所指称的只是大主语所指的部分，如例④⑤⑥便是。这类句子的大主语具有话题的性质；主谓短语所作的大谓语，有的用来说明大主语的，如例②，有的用来描写大主语的，如例⑥。

3. 大主语是谓语动词的受事。例如：

①千斤的担子你先担吧。（孙犁《荷花淀》）

②家里的一切活她都干。（丁玲《太阳照在桑乾河上》）

③这事情我们管不了。（赵树理《小二黑结婚》）

④底稿，竹斋在那里拟。（茅盾《子夜》）

⑤这个人的举动，萧队长都瞅在眼里。（周立波《暴风骤雨》）

上边这类主谓谓语句里的大主语是动词的受事，小主语是动词的施事。大谓语主要用来说明大主语。在形式上，这类主谓谓语句通常可变换成“主·动·宾”句式，如：

这事情我们管不了⟶我们管不了这事情

但也并非都能作这样的变换，如：

家里的一切活她都干⟶* 她都干家里的一切活

4. 大主语是谓语动词的关涉对象。例如：

①这事儿我们也没有办法。（袁静《新儿女英雄传》）

②婚姻大事我自己作主。

③这件事，中国人的经验太多了。

④这种交通混乱的情形，美国军车自然该负最大的责任。（朱自清《回家杂记》）

⑤呼和浩特，蒙古语意思是青色的城。（翦伯赞《内蒙访古》）

以上这类主谓谓语句里，大主语跟小主语，大主语跟动词都没有直接的关系，纯粹是一种话题主语；大谓语是对大主语进行说明或评论的。这类主语前如果加上“关于”、“对于”之类的介词，句子的基本意思还是一样的。比较：

这事儿我们也没有办法——>关于这事儿，我们也没有办法

当然，加上介词后，句型是不一样了：无介词的是主谓谓语句，有介词的是动词谓语句。

5. 小主语是大主语一种动作行为或情状。例如：

①这孩子站没站象，坐没坐象，磕头也没磕头象。（曹禺《北京人》）

②你洗衣服也不错，夏天我的绸大褂大概总是你亲自动手。（朱自清《给亡妇》）

③佘山建筑逐渐增多，污染日趋严重。（《新民晚报》）

④湖面明净如镜。（碧野《天山景物记》）

上边这类句子里的大谓语是对大主语进行描写或说明的。

第三章　述宾短语

一、什么是述宾短语

由述语和宾语两直接成分组成的谓词性短语，叫做述宾短语。述语和宾语之间的关系是一种支配被支配关系，述语是支配成分，宾语是被述语支配的成分。例如：

看书	买布	造桥	想他
写文章	吃苹果	穿衣服	考大学
保卫祖国	热爱人民	支援建设	研究历史

上边列举的这些短语，都是述宾短语。以看书来说，“看”是述语，是支配成分；“书”是宾语，是受“看”支配的，即是被支配的成分。“看”和“书”之间具有支配和被支配的关系，即述宾关系；“看书”便是述宾短语。

述宾短语里述语和宾语的次序是：述语在前，宾语在后。这种语序一般不能随意颠倒，特别是在句外作为静态形式时。例如“看书”能说，“书看”却不能说；“吃苹果”可以成立，“苹果吃”却不可成立。有的述宾短语语序颠倒后，虽能成立，但表示的意思和结构关系都改变了。例如“端正态度”是述宾关

注：在本章的例句里，浪线（～～～）表示述宾短语，单线（——）表示宾语，双线（══）表示述语。

系；“态度端正”却是主谓关系，意思有了变化。又如“想他”是述宾关系；“他想”，便是主谓关系，意思也完全改变了。

述宾短语入句，在一般情况下，仍是宾语在述语之后。但是在一定的条件下，宾语也可放在述语之前。主要有三种情形：

第一种，宾语由疑问代词充当，常同副词“都”、“也”等配合。例如：

①我哪儿也不去。

②我们家里什么都不讲究。（曹禺《北京人》）

第二种，宾语由“数量名”构成的短语（其中数词是“一”）充当，常同副词“都”、“也”等配合，用于否定句，构成“一……不（没有）”的格式。例如：

①她数说了阿河一顿，一个钱也不给。（朱自清《阿河》）

②天空一丝云彩也没有。（管桦《葛梅》）

第三种，在某些对称或列举形式的句子里，宾语有时也可放在述语之前。例如：

①新媳妇哭了一天一夜，头也不梳，脸也不洗，饭也不吃，躺在炕上，谁也叫不起来。（赵树理《小二黑结婚》）

②我上海也到过，天津也到过，几个大城市都到过。（胡裕树主编《现代汉语》）

以上三种宾语提前的情形，有共同的特点：在语义上，宾语表示遍指（指称周遍性的事物），“什么都不讲究”是任何事儿都不讲究的意思，“上海”、“天津”等列举，也含有遍指的意思；在表达上，主要是强调宾语所代表的事物；在朗读时述语前的宾语都必须重读。

述宾短语里的述语，由谓词性词语充当。根据充当述语的谓词的类别，述宾短语可以分为两大类：

（1）动宾短语。述语由动词性词语（包括动词和动词短语）充当，例如：

①我爱我们这个时代的秋天。（峻青《秋色赋》）

②我过了江，进了车站。（朱自清《背影》）

③现在你已经回来了，就可以请你参加筹备并且支持这个会了。（徐迟《地质之光》）

④青草喂肥了羊群。（碧野《天山景物记》）

上边例①的“爱”、例②的“过”、“进”，是动词作述语；例③的“参加筹备并且支持”、例④的“喂肥”，是动词短语作述语。

（2）形宾短语。述语由形容词性词语（包括形容词和形容词短语）充当。例如：

①他好了疮疤忘了痛。

②我高他一个头。

③奶奶手上瘦出骨节来。（梁斌《播火记》）

④这三个月中，急坏了S，苦坏了孩子，累坏了我。（冰心《我的学生》）

上边例①的“好”、例②的“大”，是形容词作述语；例③的“瘦出”、例④的“急坏”、“苦坏”、“累坏”，是形容词短语作述语。

二、述语所带的宾语

宾语是与述语相对待的成分。由于述语是由动词性词语或形容词性词语充当的，所以就有动词所带的宾语和形容词所带的宾语之别。

1. 动词所带的宾语

可以从不同的角度来研究动词所带的宾语。

（一）根据作宾语的词语的语法性质来看，动词所带的宾语可以分为三个小类：

（1）体词性宾语。动词所带的宾语大都由体词性词语充当。例如：

①他郑重地打开纸包。（唐弢《同志的信任》）

②牧女们骑着骏马。（碧野《天山景物记》）

③我想起了另一位友人的故事。（巴金《灯》）

④他心里装着全体人民，唯独没有他自己。（初中课本语文第三册《鞠躬尽瘁》）

⑤声学家苏林教授发现了一件奇怪的事情。（何为《第二次考试》）

这里例①②是体词充当宾语，例③④⑤是体词短语充当宾语。

（2）谓词性宾语。动词后的宾语由谓词性词语充当。例如：

①她姐姐很受感动。（彭荆风《驿路梨花》）

②我明天就会走了。（曹禺《北京人》）

③我爱热闹，也爱冷静。（朱自清《荷塘月色》）

④我不怕丢魂儿。（老舍《龙须沟》）

⑤那雪后的山野，更显得洁净、幽美。（峻青《瑞雪颂》）

这里例①②是动词充当宾语，例③是形容词充当宾语，例④是动词短语充当宾语，例⑤是形容词短语充当宾语。能带谓词性宾语的比较少，只有表示评议的动词（助动词）、一部分心理动词，以及“受、遭、显得、加以、予以”等动词能带。

（3）主谓宾语。动词后的宾语由主谓短语充当。[①] 例如：

①我记得碑上刻的是“梦赶泉”。（杨朔《香山红叶》）

②我知道你有办法。（迟松年《秋别》）

③叔齐解衣躺下，就听到伯夷讲梦话。（鲁迅《采薇》）

④别动，我的肉，小心奶奶剪着你！（曹禺《北京人》）

⑤出发前，上级规定每人要准备两双鞋。（江耀辉《红军鞋》）

能带主谓宾语的也比较少，只有一部分表示心理、感知活动或言语行为的动词（如“知道、感觉、记得、渴望、小心、宣布”等）能带。

（二）根据宾语跟动词之间的语义关系来看，动词所带的宾语主要有以下一些：

（1）受事宾语。指宾语表示动作的接受者。例如：

买书　　喝茶　　捕鱼

打电话　洗野菜　了解情况

在句子里，受事常可跟介词“把”“对”等构成介词短语，放到动词前边作状语。例如：

①我把电话打通了。（冰心《小桔灯》）

②我们把野菜洗干净，送到炊事班去。（刘坚《草地晚餐》）

---

① 主谓短语所作的宾语，称作“主谓宾语”。这种宾语是谓词性宾语之一，但比较特殊，这里特别提出。

③村长是外来的，对村里的情况不十分了解。（赵树理《小二黑结婚》）

（2）施事宾语，指宾语表示动作的发出者。例如：

住人　　来了客人　坐着两个人

吹着风　淋雨　　　晒太阳

施事宾语独立在句外的比较少，大都是从句子里分析出来的。主要出现在以下三种句子里：

第一种，出现在处所词语作主语的句子里。例如：

①这个院子里住着两个人。（茅盾《第比利斯的地下印刷所》）

②店里坐着许多人。（鲁迅《药》）

第二种　出现在某些自然现象作施事的句子里。例如：

①在海边种地的人，终日吹着海风。（鲁迅《故乡》）

②那老人坐在门口晒太阳。

第三种　出现在说明受事表示的事物供施事使用的句子里。例如：

①这锅饭吃了十个人。

②地方小，人数受限制，这场电影只看了三百个人。

这类句子比较特殊，看上去好象不合逻辑（“饭”怎能吃人？），但由于施受关系是十分明白的，因此不会造成误解。

（3）结果宾语。指宾语表示动作的产物或成果。例如：

挖洞　　造桥　　掘井

写文章　盖房子　变成良田

带结果宾语的动词后边常可加上“成”，如“挖成洞”、“写成文章”等，而带有语素“成”的动词（或动词短语）后边的宾语，一般是结果宾语。例如：

①妈妈扮成一个看山林的穷小子。（李存葆《高山下的花环》）

②肢体还没被年月铸成一定的格局。（老舍《骆驼祥子》）

（4）工具宾语。即宾语表示动作所凭借的工具。例如：

写毛笔　吃大碗　盖棉被

洗冷水　糊花纸　招待茶水

工具宾语常可用介词“用”、“以”等引进，放在动词前边。例如：

①写毛笔—→用毛笔写

②招待茶水—→用茶水招待

（5）处所宾语。指宾语表示动作发生或达到的处所。例如：

飞北京　跑广州　读大学

写黑板　住五楼　睡沙发

处所宾语常可用“在、往、到”等引进，放在动词的前边。例如：

①住五楼—→在五楼住

②飞北京—→往北京飞

除上述一些宾语外，还有原因宾语（如“担心这件事”“愁吃”）、目的宾语（如“跑买卖”“考大学”）、时间宾语（如“过生日”“进入梅雨季节”）、与事宾语（如“给他一本书”“告诉你一事件”）、致使宾语（“端正态度”“肃清流毒”），等等。

（三）根据宾语与动词之间关系的密切程度来看，动词所带的宾语可以分为直接宾语和间接宾语两类。跟动词发生直接关系的宾语是直接宾语，跟动词发生间接关系的宾语是间接宾语。凡动词后边只有一个宾语的，这宾语都是动词的直接宾语，如“踢足球”里，“足球”和“踢”是两个直接发生关系的成分，“足球”便是直接宾语。交接动词（“交、给、送、教、告诉、接、收、欠”等）后边往往出现两个宾语，即所谓双宾语，例如：

①她给了我们水。（周立波《娘子关前》）

②我送你一个名字。（朱自清《温州的踪迹》）

③老程递给祥子一支烟。（老舍《骆驼祥子》）

④他借了信用社一笔钱。（赵寰、董晓华《三个战友》）

传统语法认为：“送你一本书”里，动词“送”后面的“你”“一本书”都是宾语。这样，它就把靠近动词的那个宾语（如例中的“你”）称作间接宾语，把另一个（如例中的“一本书”）称作直接宾语。但从层次角度进行分析，这两个宾语不在一个层次上，“送你一本书”实际上是“动宾・宾”结构，可图示如下：

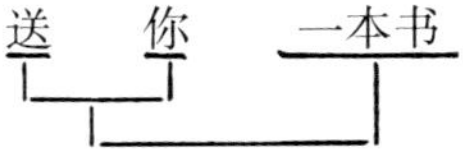

从这图中，可以看出，宾语“你”跟动词“送”发生直接关系，宾语“一本书”跟动词“送”发生间接关系。从这个意义上说，“你”是直接宾语，“一本书”是间接宾语。也就是说，靠近交接动词的那个宾语是直接宾语，另一个是间接宾语。这种分析与传统语法的说法完全相反。

2. 形容词所带的宾语

印欧语言里，形容词是不能带宾语的。在汉语里有些形容词在一定条件下可以带宾语，这正象汉语的形容词能直接作谓语一样，是汉语形容词的一个重要特点。形宾短语一般出现在句子中。形容词所带的宾语大都是由体词充当的，所以大都是体词宾语。形容词所带的宾语，按其与形容词的语义关系来看，主要可分为三类：

（1）比事宾语。指比较的对象或数量，常使用于比较句。例如：

①〔他〕比众人高着一个头。（老舍《断魂枪》）

②咱比人家矮着一截呢！（袁静《新儿女英雄传》）

③姐姐大我三岁。（赵元任《汉语口语语法》）

这些句子中的宾语都用于比较，或表示比较的数量（如“一个头”、“一截”、“三岁”）、或表示比较的对象（如例③的“我”）。例③形容词“大”后面有两个宾语，“我”是直接宾语，“三岁”是间接宾语。

（2）属事宾语。指形容词所表示的性状是属于宾语所代表的事物的。例如：

①华大妈也黑着眼眶，笑嘻嘻的送出茶碗茶叶来。（鲁迅《药》）

②二小姐也是苦着脸。（茅盾《子夜》）

③瘦得了我们的肉，瘦不了我们的骨。（杨沫《青春之歌》）

这类形宾短语里，形容词后面一般要带有“着”“了”之类助词，如果没有助词，往往会变成定心短语，如“黑着眼眶”是形宾短语，“黑眼眶”便是定心短语。

（3）使事宾语。指被致使具有某种性状的事物。例如：

①我们应该坚强我们的力量。(叶圣陶《抗争》)

②妈,太苦了你了,我以后不要读书了。(巴金《奴隶的心》)

③是我不好,我累了你。(曹禺《北京人》)

例①“坚强我们的力量”,是“使我们的力量坚强”的意思。例②“太苦了你了”是“太使你苦了”的意思,例③的“累了你”是“使你累了”的意思。

三、述宾短语的用途

述宾短语在句子里主要用来作谓语,在一定条件下也可用来作主语、宾语、定语、补语和状语。

1. 述宾短语作谓语。例如:

①你喝茶吧!(曹禺《北京人》)

②他拣好了几件东西。(鲁迅《故乡》)

③艾艾拉住小晚的手。(赵树理《登记》)

④我们赞美英勇的斗争和艰苦的劳动。(秦牧《花城》)

⑤林先生冷了半截身子。(茅盾《林家铺子》)

上边例①②③④是动宾短语作谓语,例⑤是形宾短语作谓语。述宾短语作谓语是用来叙述主语所代表的人或物的情形的。

2. 述宾短语作主语

①卖地不是办法。(李准《不能走那条路》)

②锤练字句,是写诗的一个重要条件。(臧克家《学诗断想》)

③骑自行车可以省下一大笔交通费。(朱自清《回家杂记》)

④种花好，种菜更好。（吴伯箫《菜园小记》）

⑤干活你就不行了。（周立波《暴风骤雨》）

述宾短语作主语是有一定条件的。它作为一件事件要求谓语对它进行解释、评议或描写。它要求后边的谓语（或谓语中心词）或是表示判断的动词，如例①②；或是表示评议的动词（助动词），如例③；或是表示情状的形容词，如例④；或是谓语是主谓短语，如例⑤。

3. 述宾短语作宾语。例如：

①新年快到了，孩子们希望穿一双新袜子。（茅盾《林家铺子》）

②我们都忘了看红叶。（杨朔《香山红叶》）

③他这样会出事的。（曹禺《北京人》）

④我们每天的事情大概是掘蚯蚓。（鲁迅《社戏》）

⑤防护林的主要作用是减小风的力量。（竺可桢《向沙漠进军》）

述宾短语作宾语，也是有条件的：它表示一种事件。它要求前边的述语或述语中心词或是表示心理活动的动词，如例①②中的“希望”“忘”等；或是表示评议的动词，如例③的“会”等；或是表示判断的动词，如例④⑤的“是”。

4. 述宾短语作定语。例如：

①卖花的汉子们笑着高声报价。（秦牧《花城》）

②阿九是欢喜书的孩子。（朱自清《女儿》）

③干这种职务的人，大半是带工的亲戚，或者是在地方上有一点势力的流氓。（夏衍《包身工》）

④通省外的铁路全部不通。（马识途《我们打了一个大

胜仗》)

⑤抵御风沙袭击的方法是培植防护林。(竺可桢《向沙漠进军》)

述宾短语作定语,是修饰名词性词语的,主要用来说明或描写名词性词语所代表的人或物的类属、性质、特征。述宾短语作定语时,后边必须带结构助词“的”。

5. 述宾短语作补语。例如:

①老汉感动得流泪。(柳青《创业史》)

②柳喜儿嚷得哑了嗓子。(袁静《新儿女英雄传》)

③我怕得有理。(鲁迅《狂人日记》)

④小李激动得抓起扁担。(王愿坚《普通劳动者》)

⑤大伙都气得涨红了脸。(柳青《创业史》)

述宾短语作补语,通常表示动作发展的结果或性状变化的情境或状态,述语通常是由表示心理的动词或形容词充当的,在述语和补语之间一定有结构助词“得”。

6. 述宾短语作状语。例如:

①嫂嫂脸上微微起了红晕,带笑地说。(巴金《家》)

②她怀着好感地看了翠环一眼。(巴金《秋》)

③一个红衫的小丑被绑在台柱上,给一个花白胡子的用马鞭打起来了,大家才又振作精神的笑着看。(鲁迅《社戏》)

述宾短语作状语是修饰动词性词语的,主要用来描写动作的情状。述宾短语作状语时,后边一般要带结构助词“的”(书面上写作“地”或“的”)。

第四章　定心短语

一、什么是定心短语

由定语和它的中心语这两直接成分构成的名词性短语，叫做定心短语。中心语是该短语的核心成分，定语是修饰中心语的，所以定语和它的中心语之间的关系是修饰和被修饰的关系，定心短语是个偏正短语。例如：

大眼睛	红衣服	旧房子	烂香蕉
三本书	五块肥皂	那个人	这种事情
可爱的中国	纯洁的心	首都的街道	主要的问题

这些短语都是定心短语。以“大眼睛”来说，“大”是定语，是修饰成分，“眼睛”是中心语，是被修饰的成分，所以“大眼睛”是定心短语。

定语和它的中心语的一般语序是：定语在前，中心语在后。但在具体句子里，在一定条件下，定语有时可以移到中心语之后。例如：

①我们曾经和党内的机会主义倾向作斗争，右的和左的。（毛泽东《论人民民主专政》）

注：在本章的例句里，浪线（～～～）表示定心短语，单线（——）表示定语，双线（══）表示定语所修饰的中心语。

②我倒认识一个年轻的姑娘姓梅的。（曹禺《雷雨》）

③新增加电力机车300台，内燃机车900台，客车6380辆，货车7200辆。（《中华人民共和国国民经济和社会发展第六个五年计划》）

④咱这算什么，小事一桩。（王愿坚《普通劳动者》）

这些定语主要是由于表达的需要而后置的。定语移到中心语之后，主要有三种情形：一种是起追补作用，补充说明前边的事物，如例①②；另一种是起列举作用，常用来列举前边事物的数量，如例③；再有一种是起强调作用，即对前边的事物加以提重强调，如例④的“小事一桩”。[1]

定心短语里，定语后面常可带结构助词“的”（读de）。“的”可以说是定心短语的标志。但并不是任何定心短语里定语都可以带“的”。带不带“的”有以下一些情形：

（1）短语作定语一般要带“的”。例如：

①他不能离开这个热闹可爱的地方。（老舍《骆驼祥子》）

②因为看得他有些凄然，便说了一个安慰他的谎话。（鲁迅《藤野先生》）

③这雪峰、绿林、繁花围绕着的天山千里牧场，位置在海拔两千米以上。（碧野《天山景物记》）

这些例句中的定语后删掉“的”，有的不通，如例①②；有的变成其它结构的短语，如例③的定心短语删去“的”，便变成主谓短语。在具体的句子里由于语言节律的关系，短语所作的定语

---

① 这种后置定语通常是个数量短语，而且数词必是“一”，如“死路一条”“新闻一桩”等也属此类。参看陈望道《文法简论》第74页。

后有时也可以不带“的”，那是使用中的变化用法。[1]

（2）动词作定语一般要带“的”。例如：

①孔乙己没有办法，便免不了偶而做些偷窃的小事。（鲁迅《孔乙己》）

②说的人后悔，听的人也害怕。（邓友梅《话说陶然亭》）

③吃的菜、肉、油，穿的棉衣、毛衣、鞋袜，住的窑洞、房屋……差不多一切都可以自己造，自己办。（毛泽东《组织起来》）

这类定心短语如果去掉“的”，或者不通，如例①②；或者改变了结构关系，如例③的定心短语去掉“的”便变成了动宾短语。但有些双音节动词在作定语时后面可以不带“的”，例如：“研究小组”、“调查方法”、“合作项目”、“指导老师”、“参考资料”等。[2]

（3）体词性词语作定语修饰谓词性词语时，定语后一般也带“的”。例如：

①我心里暗笑他的迂。（朱自清《背影》）

②街上的冷静使她的声音显得特别的清亮。（老舍《骆驼祥子》）

③小王很快取得了赵玉林的信任。（周立波《暴风骤雨》）

这类定心短语如果去掉“的”，便变成了主谓短语。但体词性词语作定语修饰某些双音节动词时，有时也可以不一定带

---

① 参看吕叔湘《漫谈语法研究》（《中国语文》1978年1期）。

② 这类双音节的动词一般可以出现在“加以”“进行”的后边。有的语法著作把它看作是名动词。

“的”。例如“历史研究”、“社会调查”、“文化合作”、“义务教育”、“精神鼓励”、“智力测验”等。[1]

（4）有些短语可能有不同的理解，为避免歧义，表示定心短语一般可加“的”。主要有以下几种：

第一种　在某些“名词＋名词”构成的短语里，有“的”无“的”能使定心短语跟并列短语区别开来。如“父亲母亲”是并列短语，而“父亲的母亲”却是定心短语。

第二种　在某些“代词＋名词”构成的短语里，有“的”无“的”能使定心短语跟复指短语区别开来。如“你们学生”是复指短语，而“你们的学生”却是定心短语。在不同的句子里，有时还能使不同的修饰意义区别开来。如：“这个人有点孩子脾气”，定语不带“的”表示性状关系；“孩子的脾气很好”，定语带“的”表示领属关系。

第三种　在某些“动词＋名词”构成的短语里，有“的”无“的”能使定心短语跟动宾短语区别开来。如“学习文件”、“参考资料”等，这种短语在句外是有歧义的，它或者是动宾短语，或者是定心短语，为避免歧义，必要时可插加“的”来显示定心短语。

（5）“性质形容词＋名词”和“名词＋名词”构成的定心短语，定语后可带“的”，也可不带“的”。比较。

A 式	B 式
新衣服	新的衣服
木头桌子	木头的桌子

① 见前页（第 50 页）注②。

AB 两式都是定心短语，A 式是无“的”式，B 式为有“的”式，基本意义一样。所不同的在于：强调定语时，即强调事物的性质、状态等时，需带“的”，即采取B式；不作强调时，就不必带“的”，即采取A式。

（6）“体词+名词”构成表领属关系的定心短语时，定语后可带“的”，也可不带“的”。比较

A式	B式
我的帽子	我帽子掉了
我的钢笔	快把我钢笔拿来

A式的定心短语有“的”，B式定心短语无“的”。这类短语在句外作为静态的形式时一般要带“的”，即采取A式；而在句内作为动态形式时，有时可以不带“的”，即采取B式。

（7）数词、指词作定语时，后边不能带“的”。例如可以说“三人”、“这事情”、“那房子”，但不能说“三的人”、“这的事情”、“那的房子”。

（8）量词短语作定语，后边大都也不能带“的”。如可以说“五本书”、“这种东西”、“那位客人”等。但少数量词短语后边可以带“的”，如“一系列的问题”、“五小时的时间”等。

二、定语所修饰的中心语

1. 定语所修饰的中心语，最常见的是由名词性词语充当的。例如：

①你一定又偷了人家的东西。（鲁迅《孔乙己》）

②你是个学风严谨，一丝不苟的人。（邓友梅《话说陶然亭》）

③我们公寓还住着一位来报考大学的女学生。（杨沫《房客》）

④那隔着天河的牛郎织女，定能够骑着牛儿来往。（郭沫若《天上的街市》）

⑤最使我难忘的，是我小学时候的女教师吴芸芝先生。（魏巍《我的老师》）

上边例①②里定语所修饰的中心语是由名词“东西”、“人”充当的，例③里中心语是由定心短语“女学生”充当的，例④里中心语是由名词性的并列短语“牛郎织女”充当的，例⑤里的中心语是由复指短语“女教师吴芸芝先生”充当的。

2. 人称代词有时也可作定语所修饰的中心语。例如：

①一个赤裸裸的她，把一切丑陋与美好一下子，整个的都交给了他。（老舍《骆驼祥子》）

②身为现役军人的他，对于这些询问，当真难以回答。（茅盾《子夜》）

③有了四千年吃人履历的我，当初虽然不知道，现在明白，难见真的人。（鲁迅《狂人日记》）

上述例句里的定语所修饰的中心语，是由人称代词充当的。这种用法仅限于书面，日常口语中一般不说。

3. 谓词性词语有时也可作定语所修饰的中心语。例如：

①我的笑便渐渐少了。（朱自清《笑的历史》）

②虎妞为顾全大家的面子，想拦住父亲的撒野。（老舍《骆驼祥子》）

③还有他的静默，我也不会忘记。（朱自清《哀韦杰三君》）

④我的幸福和快乐是那么短暂，它象夏天美丽的云彩，瞬息即又逝去。（杨沫《房客》）

⑤他们的翻译和研究新的医学，并不比中国早。（鲁迅《藤野先生》）

上面例①②里是由动词“笑”、“撒野”作中心语，例③是由形容词“静默”作中心语，例④是由形容词短语“幸福和快乐”作中心语，例⑤是由动词短语“翻译和研究新的医学”作中心语。

由“体词+的+谓词性词语”构成的定心短语，实际上是主谓短语的事物化，如“他的笑”是主谓短语“他笑”的事物化。这种定心短语跟体词为中心语的定心短语不完全一样，表现在：它不能作定语，作主宾语时很少用动作动词来作谓语或述语。

在许多语言里，定语是用来修饰名词性词语的，状语是用来修饰谓词性词语的。但在汉语里，却有定语修饰谓词性词语的情形，这也是汉语语法的一个特点。汉语里谓词性词语之前的修饰成分大都是状语，但有时也可能是定语，它们都是偏正短语。这样，就产生一个怎样才能确定谓词性词语前的修饰成分是定语还是状语的问题。办法有一个：就是看该偏正短语能否充当谓语。如果不能作谓语，就是体词性的偏正短语，其中修饰语便是定语；如果能作谓语，就是谓词性偏正短语，其中的修饰语是状语。例如：“他的微笑”、“狐狸的狡猾”、“永远难忘的回忆”等短语，是不能作谓语的，所以它们都是体词性偏正短语，即定心短语。例如：“慢慢的走”、“努力的学习”、“尽快的完成”等短语，都能作谓语，而一般不能作主宾语的，所以它们都是谓词性偏正短语，即状心短语。但是，有一些双音节形容词作双音节动词的修饰成分时，在句外是两可的，单独一个短语不易辨别，就要放到更大的结构里来确定。例如“激烈的辩论”、“周密的调查”就是这样的。比较：

①他们进行了一场激烈的辩论。

②他们正在激烈的辩论着。

③他们作了几次周密的调查。

④他们已经周密的调查过了。

例①③中的“激烈的辩论”、“周密的调查”在宾语的位置上，而且前面有数量短语，可把它们看作定心短语；例②④中的“激烈的辩论”和“周密的调查”都处在谓语的位置上，而且受副词修饰，可把它们看作状心短语。

4. 中心语所表示的语义

中心语跟定语之间，意义上有一定的联系，常见的有以下几种：

（1）中心语表示定语中的领有者所领有的事物：我的书|国家的财产|她的弟弟

（2）中心语表示定语中的属性、状态等所从属的客体事物：新衣服|勇敢的青年|大大的眼睛

（3）中心语表示定语中那个动作的施事：来的客人|驾驶摩托车的那个青年|教我日语的老师

（4）中心语表示定语中那个动作的受事：穿的衣服|喝的水|写的文章

（5）中心语表示定语中那个动作的工具：吃饭的碗|画图的笔|演戏的服装

（6）中心语表示定语中那个动作的结果：挖的洞|盖的房

子|写的信

（7）中心语表示定语中那个动作的内容：鼓励的话|取得胜利的消息|发现了金矿的新闻

（8）中心语表示定语中那个动作的处所：住的医院|睡的床|去的地方

（9）中心语表示定语中那个动作的时间：来的日期|发信的时候|下雨的那个晚上

（10）中心语表示跟定语中那事物的有关动作或性状：他的微笑|母亲的回忆①|老虎的勇猛

三、定语

1. 充当定语的词和短语

定语是体词性偏正短语的修饰成分。大多数实词、大多数短语可以充当定语。

（1）区别词主要用来作定语，如“喷气式飞机”、“普及型录像机”、“良种鸡”等。

（2）数词和量词构成的数量短语主要也用来作定语，如“十个人”、“三条鱼”、“五十尺布”等。②

（3）指词和量词构成的指量短语也主要用来作定语，如“这件事儿”、“那个人”、“这间房子”等。③

（4）形容词、拟声词以及形容词短语常用来作定语，如

---

① “母亲的回忆”有歧义：定语中的事物既可理解为“施事”，也可理解为“受事”，但不管是施事还是受事，都是跟动作“回忆”有关的。

② 数词大多数跟量词一起作定语，但有时也可单独作定语，如“三人在一起”。

③ 指词有时可单独作定语，如“这事儿”、“那人”等。

“旧皮箱”、“热烈的气氛”、“叮叮当当的声音”、“聪明而勇敢的人”等。

（5）名词、人称代词及名词性短语也可作定语，如“塑料浴缸”、“他们的事情”、“学校的大门”、“长江和黄河的水力资源”等。

（6）动词和动词性短语也可作定语，如“吃的菜”、“教育的方式”、“送人的礼物”、“打碎的碗”、“请我去作报告的那位学生”等。

（7）主谓短语也可作定语，例如“他讲笑话的时候”、“太阳升起的时候”、“影响大的举动”、“信心十足的样子”等。

（8）副词不能作定语。但少数副词短语（如某些介词短语）有时也可作定语，如“关于那个问题的解决”、“对老师的尊敬”等。

2. 定语所表示的意义

定语所表示的意义概括起来可分为两大类：

第一类：描写性定语。这类定语用来描写中心语所代表的事物的性质、状态。作描写性定语的主要是形容词、形容词短语、“似的”短语以及某些主谓短语、动词短语。例如：

①〔小黑子〕利索的神气，漂亮的模样，聪慧的眼睛，还跟从前一模一样。（杜鹏程《延安人》）

②原来计划是买辆最完全最新式最可心的车。（老舍《骆驼祥子》）

③孩子们呵着冻得通红，象紫牙姜一般的小手七八个一齐来塑雪罗汉。（鲁迅《雪》）

④花木灿烂的春天固然可爱，然而瓜果遍地的秋色却更

使人欣喜。(峻青《秋色赋》)

第二类:限制性定语。这类定语用来限定中心语所代表的事物的所属、数量、质料、用途、来源、处所等等。充当限制性定语的主要是代词、名词、量词短语以及某些动词或动词短语。例如:

①你的朋友说的对,我不是你的奴隶,你也不是我的奴隶。(曹禺《北京人》)

②你大春哥也称回二斤面、二升米,还换回了一斤肉。(贺敬之、丁毅《白毛女》)

③我现在还保存着他送给我的那副羊毛手套。(杨沫《房客》)

④庄子里经常有过路的流浪汉和赶骡帮的人。(刘克《央金》)

如果较细致地进行分析,定语修饰中心语时所表示的意义是多种多样的,常见的有:

(1)定语表示领有者:他的姐姐|我们的学校|松树的风格

(2)定语表示性状:新衣服|高高的白杨树|绿荫荫的山峰

(3)定语表示质料:石头房子|羊皮手套|毛料裤子

(4)定语表示用途:买书的钱|切肉的刀|女子理发店[①]

(5)定语表示来源:小王送给我的笔|外国来的客人|天上

---

① "女子理发店"有两种理解:一是专为女子服务的理发店,二是理发师都由女子担任的理发店。按照前者,定语表示用途;按照后者,定语表示质料。

掉下来的陨石

（6）定语表示数量：三块肥皂|五棵树|六斤鱼

（7）定语表示指点：这事儿|那个人|这本书

（8）定语表示事物处所：屋上的霜|田里的草|树上的鸟

（9）定语表示时间：当代青年|去年的杂志|前天的事

（10）定语表示复指：人类灵魂工程师的老师|豆腐西施的杨二嫂

（11）定语表示施事或受事：他的笑|这本书的出版|母亲的回忆

（12）定语表示客体：她的美丽|狐狸的狡猾

3. 准定语

有一类定语比较特别，它出现在"动+名"式的离合动词里，例如：

①别理这东西，小心吃了他们的亏。（曹禺《雷雨》）

②他可以不再受拴车的人们的气。（老舍《骆驼祥子》）

③一片游云帮了他们的忙。（王汶石《黑风》）

④回去告你的状。（王戈《树上的鸟儿》）

在上述例句里，"吃亏"、"受气"、"革命"、"告状"都是动宾式（动+名）的离合动词。这类词可以有一个意念上的"受事"或"与事"，如"告状"、"帮忙"等都有个动作的对象；但形式上这受事又不能放在离合动词后边作宾语（*革命船主，*帮忙他们），又没有适当的介词引进，这动作的受事或与事就以定语的形式出现。作这种定语的大都是人称代词，名词较少。这种定语跟后边的中心语的关系表面上表示事物的领有者，但这种定心短语大都不能独立，没有“他们的亏”、“他们的忙”之类的说法，所以这种定语不妨称之为“伪定语”或“准定语”。

四、多项式定心短语

由一个简单定心短语延伸扩展而成的偏正短语，能分析出两个或两个以上的定语项的叫做多项式定心短语。它有四种格式：递加式、顿加式、列加式以及交叉式。

1. 递加式定心短语

递加式定心短语是指两个或两个以上的定语从右到左一层层套叠到中心语上去的多项式定心短语。例如：

①一张小小的圆脸，如正开的桃李花。（朱自清《阿河》）

②当铺的两扇乌黑的大门还没开，然而守在门外的人可已经不少。（茅盾《当铺前》）

③这小小的临时谈话会就分成了两组。（茅盾《子夜》）

这种多项式定心短语的形式可记作：$A_1 \rightarrow (A_2 \rightarrow (\cdots \rightarrow (A_n \rightarrow N)))$[1]。也可以画成这样的图表：

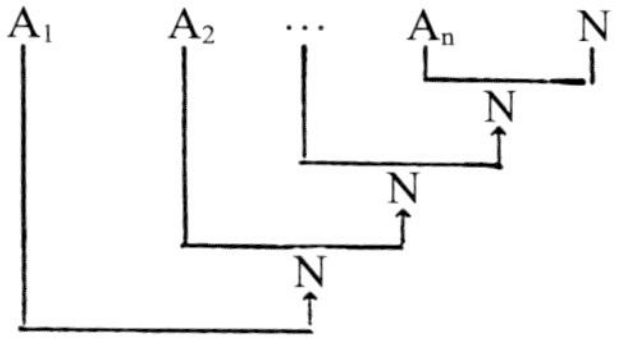

这种短语如果从小到大进行分析，则最右边的层次最小。最小的定心短语里的中心语是一个词儿（一般是名词），其它层次

① 本节把定语记作A，把中心语记作N，把修饰关系记作→，把并列关系记作+。A_1，A_2，…，A_n 分别表示定语的第一，二，…，n 项。

的定心短语里的中心语（N）是由定心短语充当的。$A_1 \rightarrow A_2 \rightarrow (\cdots \rightarrow (A_n \rightarrow N)))$这种形式可看成是“$A \rightarrow N$”中的N的替换形式或N的递加的扩展。换句话说，这种定心短语是指N可以不断地被以这个N为核心的定心短语所替换；N可以以自己为核心跟别的词语组成为定心短语，而所形成的定心短语可以继续以自己为核心跟别的词语组合成更大的定心短语。所以递加式定心短语中的中心语大都是由定心短语充当的。这种定心短语如果分解开来，可以形成为许多个简单的定心短语。即在$A_1 \rightarrow (A_2 \rightarrow (\cdots \rightarrow (A_n \rightarrow N)))$里包含有$A_1 \rightarrow N$，$A_2 \rightarrow N$，…，$A_n \rightarrow N$等。如例①的定心短语“一张小小的圆脸”里，包含有“圆的脸”、“小小的脸”、“一张脸”等。

递加式里的定语有一定的排列次序，基本规则是：

（1）带“的”的定语通常在不带“的”的定语之前。例如：“小小的圆脸”、“黑色的丝绒旗袍”、“伟大的献身精神”。[①]

（2）表领有者的定语通常在其它定语之前。例如：“我的一套新衣服”、“中国最大的城市”、“小王的最亲密的朋友”。

（3）几个定语都不带“的”，一般的次序是：A_1是表领有者的定语，A_2是量词短语，A_3是形容词（或区别词），A_4是表性质的定语。例如：“我那条旧毛料裤子”、“你那支新式塑料钢笔”。

（4）一串较多的定语（包括带“的”和不带“的”的）排列在一起时，排列次序一般是：A_1是表领有者的定语，A_2是量词短语，A_3是动词性词语，A_4是形容词（或区别词），A_5是表

---

① 量词短语一般置于不带“的”的定语之前。但跟带“的”的定语之间的次序比较灵活，比较：“那个最年轻的老师”和“最年轻的那个老师”。

性质的定语。实例如：

她又拿着枕边（A_1）一把（A_2）从上海带来的（A_3）精美的（A_4）化学（A_5）梳子（N）对小俞笑笑说："小妹妹，你喜欢这梳子吗？我想送给你留做纪念。"（杨沫《青春之歌》）

2. 顿加式定心短语

顿加式定心短语是指两个或两个以上的定语从左到右一层层套叠到中心语上去的多项式定心短语。例如：

①猫的主人的妻子已经出走。（从维熙《猫的主人》）

②鲁镇的酒店的格局，是和别处不同的。（鲁迅《孔乙己》）

③孙中山是中国广东省中山县翠亨村人。

这种多项式定心短语可记作：$(((A_1 \rightarrow A_2) \rightarrow \cdots) \rightarrow A_n) \rightarrow N$。也可以画成这样的图表：

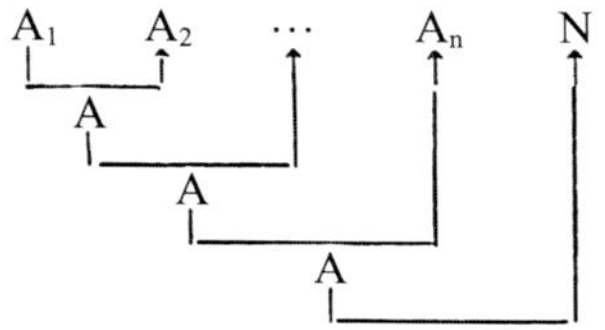

这种定心短语如果从小到大进行分析，则最左边的层次最小。最小的定心短语里的定语是一个表领有者的词语，其它层次的定心短语里的定语是由定心短语充当的。$(((A_1 \rightarrow A_2) \rightarrow \cdots) \rightarrow A_n) \rightarrow N$ 这种形式可看成是A的顿加的扩展。换句话说，这种定心短语是指A可以以自己为定语跟别的词语组合成定心短语，而所形成的定心短语可以继续以自己为定语跟别的词语组合成更大的定心短语。除A_1外，A_2、A_3、A_n等在其每一次扩展中自身又都可转化为中心语。所以这种形式跟递加式在扩展方向上正好相反。如果把$(((A_1 \rightarrow A_2)\cdots\rightarrow)\rightarrow A_n)\rightarrow N$分解开来，它一般不能分解成$A_1 \rightarrow N$，$A_2 \rightarrow N$，$A_n \rightarrow N$等组合，而只能分解成$A_1 \rightarrow A_2$，$(A_1 \rightarrow A_2)\rightarrow A_n$等等。如例③的定心短语可分解为“中国广东省”“广东省中山县”“中山县翠亨村”等。顿加式在理论上虽然也能不断地扩展，但由于A大都是表示领属性的体词，而表领属性的体词之间进行修饰总是有限的；因此，在扩展的延伸度上不如递加式。[①]

3. 列加式定心短语

列加式定心短语是由两个或两个以上的词语并列地作定语所构成的。例如：

①在我心扉中，却留下了美好的辛酸的永远难忘的回忆。（李惠薪《老处女》）

②学术工作者必须抱谦虚、谨慎、严肃、认真的态度。（吴晗《论谦虚》）

③人们一向把她们写成怪异、孤僻、冷漠、甚至是残忍、狠毒、贪婪的人。（李惠薪《老处女》）

这种多项式定语可记作：$(A_1+A_2+\cdots+A_n)\rightarrow N$。也可以画成这样的图表：

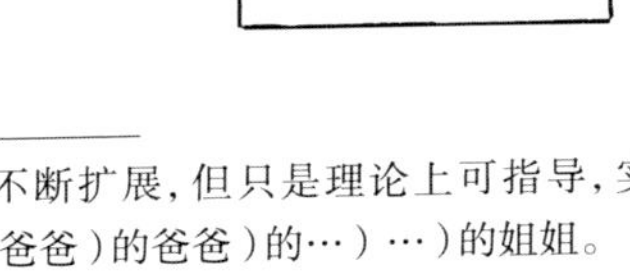

① 有的即使能不断扩展，但只是理论上可指导，实际上不说的。例如：(((((爸爸的爸爸)的爸爸)的爸爸)的…)…)的姐姐。

这种定心短语中的定语实际上是由一个并列短语充当的。并列短语中各成分可分别作定语，修饰后边的中心语；但定语与定语之间却没有修饰和被修饰的关系。如果把（$A_1 + A_2 + \cdots + A_n$）→N 分解开来，它便等于 $A_1 \rightarrow N + A_2 \rightarrow N + \cdots + A_n \rightarrow N$。这两种形式可以互相变换，如例②的定心短语“谦虚、谨慎、严肃、认真的态度”可换成“谦虚的态度、谨慎的态度、严肃的态度、认真的态度”。

4. 交叉式定心短语

交叉式定心短语是指由递加式、顿加式、列加式之间互相交叉混合而构成的多项式定心短语。这种定心短语主要有以下几种情形：

（1）递加式和列加式交叉。例如：

①这 小姑娘的镇定、勇敢、乐观的精神鼓舞了我，我似乎觉得眼前有无限光明。（冰心《小桔灯》）

②一个 戴厚眼镜的，未老先白头的中学 教员告诉我的故事。（林斤澜《台湾姑娘》）

以①为例，可图示如下：

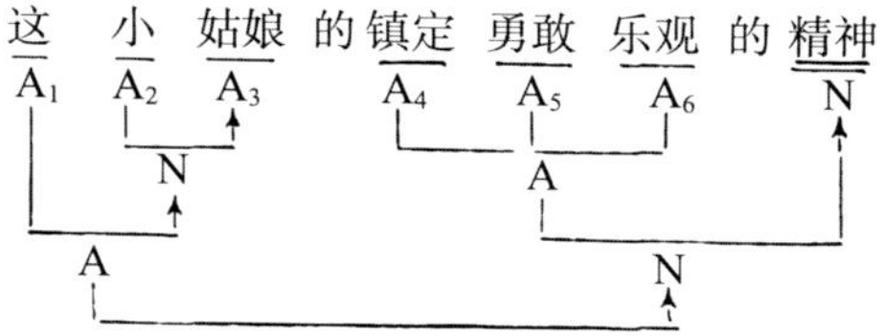

（2）递加式和顿加式交叉。例如：

③那上面，凝聚着一个 美丽的 苏州 姑娘的手指的辛劳。（王蒙《木箱深处的紫绸花服》）

④祖冲之是我国南北朝时代南朝的杰出的科学家。（初中课本汉语第五册《祖冲之》）

以③为例，可图示如下：

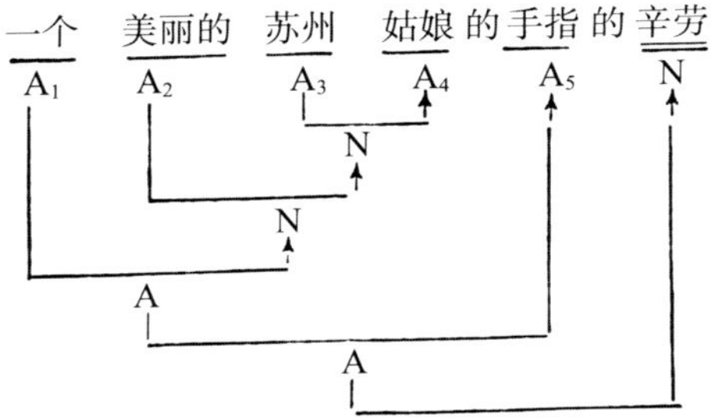

（3）顿加式和列加式交叉。例如：

⑤风吹来外面鼓乐手锁呐和笛子的声音。（茅盾《子夜》）

⑥这是他的儿子和女儿的学费。

以⑤为例，可图示如下

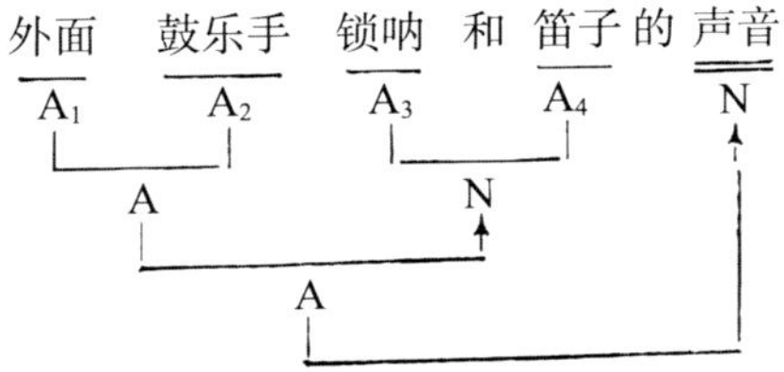

（4）递加式、顿加式和列加式交叉。例如：

⑦然而简则简矣，却走了“神韵”，失掉了原文强烈地感染读者的鲁智深伸张正义、惩罪恶人时那种痛快淋漓劲儿。（周先慎《简笔与繁笔》）

⑧这间老屋的所有破旧大小粗细东西，已一扫而空了。

以⑧为例，可图示如下：

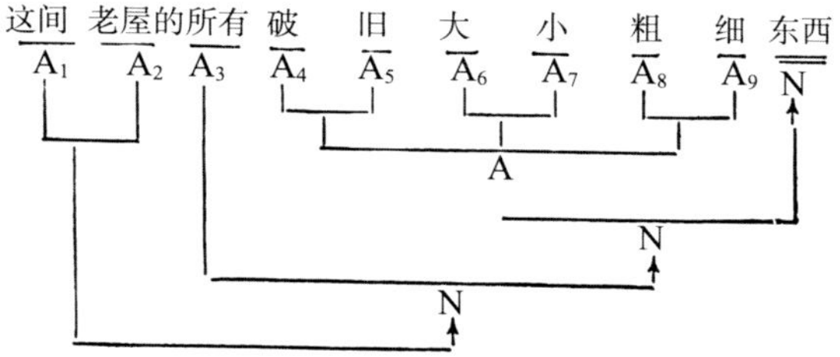

五、定心短语的用途

定心短语在句子里主要用来充当主语、宾语和定语；但在一定的条件下，也可作谓语。

1. 定心短语作主语。例如：

①我的这位内兄最讲究喝茶。（曹禺《北京人》）

②出钱的人少，出力的人就多了。（朱自清《回家杂记》）

③老通宝全家立刻充满了欢笑。（茅盾《春蚕》）

④荪甫和竹斋的车子也跟着停止。（茅盾《子夜》）

⑤老赵的被捕，使她非常难过。（峻青《党员登记表》）

2. 定心短语作宾语。例如：

①从此就看见许多陌生的先生，听到许多新鲜的讲义。（鲁迅《藤野先生》）

②他指着远处一座绿荫荫的山峰。（刘厚明《山重山》）

③她望着丈夫的脸。（孙犁《荷花淀》）

④我们之间已经隔了一层可悲的厚障壁了。（鲁迅《故乡》）

⑤这不是一件平平常常的事情。(周立波《暴风骤雨》)

定心短语作动词的宾语时,通常拿掉定语,动词和宾语仍可构成动宾短语,如"吃了三碗饭",去掉定语"三碗","吃饭"仍是动宾短语。但有些定心短语作动词的宾语时,定语不能去掉。例如:"批判他的错误思想"可以说,而"批判思想"则不能说;"培养爱祖国、爱人民、爱科学、爱劳动的优良品德"可以成立,但"培养品德"却不通。

3. 定心短语作定语。例如:

①我是吃人的人的兄弟。(鲁迅《狂人日记》)

②这是将军的哥哥的狗。(初中课本语文第四册《变色龙》)

③那是哈萨克牧女们坠满衣角的银饰在风中击响。(碧野《天山景物记》)

④这架飞机有多大的重量啊!它载着解放区人民的心,载着全中国人民的希望,载着我们国家的命运。(方纪《挥手之间》)

⑤湖色的多变正是象征着那古代少女的万种哀愁。(碧野《天山景物记》)

4. 定心短语作谓语

定心短语作谓语是受到条件限制的,它大都出现在描写句里,用来对主语所代表的事物进行描写。例如:

①杨柳面目清秀,亮亮的眼睛,黑黑的眉,双眉中间还有一道很深的皱纹。(李陀《愿你听到这支歌》)

②他高颧骨,厚嘴唇,一眼能看出是个南方人。(刘心武《我爱每一片绿叶》)

③你好大的胆子呀！（杨沫《青春之歌》）

④山那边一片树林，树林前边一个湖。（初中课本语文第三册《牛郎织女》）

⑤你这个傻小子！（老舍《骆驼祥子》）

定心短语作谓语主要有四种情形：第一种是“形+名”构成的定心短语作谓语，如例①②；这种定心短语里的中心语常跟句子主语之间有领属关系，如例①中的“眼睛”、“眉”是“杨柳”这个人身体上的一部分。这类定心短语用来描写主语的特征。第二种是“好+形+名”（或“多+形+名”）构成的定心短语作谓语，如例③；这种定心短语也描写主语的特征，但用在感叹句里表示惊叹。第三种是“数+量+名”构成的定心短语作谓语，如例④；这种定心短语主要用来描写或说明主语（多数表示处所）具有或存在着的事物或情状。第四种是“指+量+名”如例⑤；这种定心短语通常在口语里用于对人进行申斥的句子。有时指词“这”可以不出现，如“你这个傻小子”也可说成“你个傻小子！”

第五章　状心短语

一、什么是状心短语

由状语和它的中心语这两个直接成分构成的谓词性短语，叫做状心短语。中心语是该短语的核心成分，状语是修饰中心语的，所以状语和它的中心语之间的关系也是修饰和被修饰关系，状心短语也是偏正短语。例如：

很进步　互相帮助　已经完成　非常勇敢

的确好　迅速站起　慢吞吞地走　轻轻地说

向前看　从北京来　把门打开　给我请假

这些短语都是状心短语。拿“很进步”来说，“很”是状语，是修饰成分；“进步”是中心语，是被修饰的成分，所以“很进步”是状心短语。

从修饰和被修饰关系来看，状心短语跟定心短语有共同性，它们都是偏正短语。但它们有本质差别。定心短语的语法功能跟体词相同，是一种体词性的偏正短语；状心短语的语法功能跟谓词相同，是一种谓词性的偏正短语。比较：

注：在本章的例句里，浪线（～～～）表示状心短语，单线（——）表示状语，双线（═══）表示状语所修饰的中心语。

A 组	B 组
新事	新办
突然事件	突然发生
认真的态度	认真地完成

A、B 两组都是偏正短语。A 组的特点是：能出现在主宾语位置上，而一般不能出现在谓语的位置上，不受副词修饰，所以是体词性的偏正短语，即定心短语。B 组的特点是：能出现在谓语的位置上，能受副词修饰，所以是谓词性偏正短语，即状心短语。状心短语跟定心短语还有一点区别，状语所修饰的中心语一般是谓词性词语，定语所修饰的一般是体词性词语。[①]

句外的状心短语里，状语和它所修饰的中心语的次序是：状语在前，中心语在后。这种语序一般也不能随意倒置，例如："就来"不能说"来就"；"忽然发现"不能说成"发现忽然"。有的状心短语颠倒语序后虽能成立，但却成了别种短语，例如："错说"是状心短语，颠倒成"说错"便成述补短语；"认真学习"是状心短语，颠倒成"学习认真"便变成主谓短语。

状心短语入句，在一般的情况下仍是状语在中心语之前，但在一定条件下，有时也可置于中心语之后。例如：

①他藏在理想的堡垒里，也许有许多憧憬，对社会，对家庭，以至对于爱情。（曹禺《雷雨》）

②我找着了他，在一家小茶馆里。（叶圣陶《夜》）

③她走过来了，轻轻地，轻轻地。

这些状语置于中心语之后，主要是表达上的需要：表示急于说

---

① 状语修饰体词性词语是比较特殊的，参看本章第二节。定语修饰谓词性词语也是比较特殊的，参看第四章第二节。

出中心语所述说的部分，然后再说出修饰的部分，于是状语就后置了。

在句子里有些状语有时可以离开它所修饰的谓词性词语，而提到句子的主语的前面。例如：

①忽然，他的心跳起来。（老舍《骆驼祥子》）

②极快的他想出个道理来：炮声是由南边来的。（老舍《骆驼祥子》）

③历来，人们也确实把爬泰山看做登天。（杨朔《泰山极顶》）

④也许郭振山是对的。（柳青《创业史》）

⑤后天我就要上前线去了。（茅盾《子夜》）

这种状语，从层次角度看，也可解释为修饰它后面的主谓短语。状语在句中提到主语前也是有条件的：从表达上看，主要是为了强调突出动作的情状、时间、处所或语气。[①] 从充当状语的词语来看，主要是表示时间、情状、语气的副词以及表示时间、处所的名词以及某些介词短语。

状心短语里，状语后常可带结构助词"地"（读de，书面上写作"的"或"地"）。它是状心短语的标志，但并不是所有状心短语里的状语都可带"地"的。带不带"地"有以下一些情形：

（1）单音节的副词、形容词以及介词短语、似的短语等作状语时，后边不能带"地"。例如：

①大家都笑了。（朱自清《阿河》）

②你少说话！（曹禺《北京人》）

---

① 有些状语位置不同，表示的意义有差别，比较"幸亏你讲出来了，不然我想不到"和"你幸亏讲出来了，不然你过不了关"。

③我给他们调解，说好话。（朱自清《儿女》）

④我傻子似的站在屋角。（杨沫《房客》）

（2）时间词、处所词作状语时，后边一般不带“地”。例如：

①人民的子弟兵日夜守着大炮阵地。（秦牧《土地》）

②就好象身边爆开了一颗炸弹，雷参谋的脸色突然变了。（茅盾《子夜》）

（3）一般名词、动词、三音节的形容词作状语时，后边需要带“地”。例如：

①他的眼光本能地瞥到二小姐芙芳的身上。（茅盾《子夜》）

②他感激地谢了我。（冰心《小桔灯》）

③此时陈君宜慢吞吞地发言了。（茅盾《子夜》）

（4）谓词性短语作状语时，后边一般需带“地”。例如：

①他决定谨慎而小心地进行观测工作。（竺可桢《哥白尼》）

②她一声不响地将一支铅笔交给我。（朱自清《阿河》）

③她轻轻地平静地说。（王蒙《风筝飘带》）

（5）形容词重叠作状语时多数情况下后边带“地”，但有时也不带“地”。比较：

①慢慢漆吧！再漆上四五年也勉强可以睡了。（曹禺《北京人》）

②等吧，慢慢地等吧，日子总是有尽的。（曹禺《北京人》）

③我清清楚楚记得那分别的一个早上。（朱自清《儿女》）

④路上有人说话，可以清清楚楚地听见。（朱自清《冬天》）

二、状语所修饰的中心语

1. 状语所修饰的中心语最常见的是动词或动词性短语。例如：

①觉新忍耐地说。（巴金《家》）

②这样闷闷的吃完了一餐饭。（鲁迅《祝福》）

③外边不知什么时候淅淅沥沥地落起雨来。（吴伯箫《猎户》）

2. 形容词或形容词短语也常作状语所修饰的中心语。例如：

①副刊的水准很高，学术气非常重。（朱自清《回家杂记》）

②杜生元的心情稍微好了一些。（于敏《老杜和助手》）

③灯更亮了，桥上分外的白，空，冷。（老舍《骆驼祥子》）

3. 数词或数量短语有时也可以作状语所修饰的中心语。例如：

①我已经三十，她才十八。

②我结婚那年，才十九岁。（朱自清《阿河》）

③可是现在我在太原了，已经两年多，和我的母亲。（鲁迅《在酒楼上》）

4. 主谓短语有时也可作状语所修饰的中心语。例如：

①汪琳微微脸红地问道。（中英杰《燃烧》）

②他突然眼睛一亮。（张麟《雪天》）

③晃晃悠悠的他放开了步。（老舍《骆驼祥子》）

5. 体词性词语在句外不能作状语所修饰的中心语。但是在句内动态的形式中，有时可作中心语。例如：

①今天就今天，明天就明天，何必一星期？（叶圣陶《抗争》）

②他这话还没说完，猛的一阵香风，送进了一位袒肩露臂的年青女子。（茅盾《子夜》）

③腿上净泥。

④人家把我弄得人不人，鬼不鬼的，我不干了。（袁静《新儿女英雄传》）

体词性词语作状语的修饰语是比较特殊的，它受到一些条件的限制。主要有四种情形：（1）时间名词作谓语时，某些表示时间的迟早、频率的副词有时作状语修饰它，如例①；（2）数量短语作谓语或单独成句时，某些副词或形容词有时作状语修饰它，如例②；（3）在某些存在句里，说明某处普遍存在着某种事物时，表示范围的某些副词有时作状语修饰名词。如例③；（4）在某些习用的固定格式中，副词“不”作状语修饰名词，如例④。以上一些特殊的状心短语，有两个共同的特点：一是离开了句子，一般都不能独立，如“就今天”、“不人”等不成话；二是状语后边大都可理解为省略或隐含着某个动词，如例③的“净泥”可理解为“净是泥”，例④的“不人”、“不鬼”可理解为“不象人”、“不象鬼”。

6. 副词有时也可作状语所修饰的中心语。例如：

①他总是不很吃菜，单是把酒不停的喝。（鲁迅《在酒楼上》）

②嗯，我决不回来了。（曹禺《北京人》）

副词作状语的中心语是很少的，主要用来表示程度或肯定、否定，如“不很”、“不太”、“不十分”、“不一定”、“决不”等。

三、状语

1. 充当状语的词和短语

状语是谓词性偏正短语的修饰成分，许多实词和短语可作状语，但它们充当状语的情形不完全一样。

（1）充当状语最经常最普遍的是副词。副词在句子里是专门用来作状语的。例如：

①我常常想吐。（曹禺《北京人》）

②我正要答话，他已经出去了。（朱自清《阿河》）

③受伤的军官非常多。（茅盾《子夜》）

④下半年的学费还没有着落呢。（朱自清《哀韦杰三君》）

（2）形容词也常用来作状语。例如：

①你别找了，早下了肚了。（曹禺《北京人》）

②他简单地询问了前方的军情。（姚雪垠《李自成》）

③我默默地坐下。（李陀《愿你听到这支歌》）

④三轮车以外，自行车也大大的增加了。（朱自清《回家杂记》）

⑤模模胡胡的过了新年。（鲁迅《在酒楼上》）

（3）介词短语用来作状语。例如：

①我把我的鸽子都送给你。（曹禺《北京人》）

②我从窗子里可以看见厨房里人的来往。（朱自清

《阿河》）

③她们的身体，已经以一种奇妙的方式包给了叫做“带工”的老板。（夏衍《包身工》）

④她再追上去，给丈夫扎紧松了的帽带。（茹志鹃《离不开你》）

（4）动词有时也可作状语。例如：

①刘得胜感动地握着林升平的手。（草明《爱情》）

②我赞赏地接过来，谢了她。（冰心《小桔灯》）

③虎妞还是翻滚的闹。（老舍《骆驼祥子》）

（5）谓词短语（包括动词短语、形容词短语、似的短语、主谓短语等）有时也可作状语。例如：

①嫂嫂脸上微微地起了晕，带笑地说。（巴金《家》）

②她仔细地、固执地保持着冷淡的态度。（林斤澜《台湾姑娘》）

③荪甫不耐烦似的说。（茅盾《子夜》）

④两个人手拉手跳崖自杀了。（马烽《结婚现场会》）

（6）数量短语有时也能作状语。例如：

①他一口喝干了一杯酒。（鲁迅《在酒楼上》）

②总司令一下就把我们的心思猜中了。（刘坚《草地晚餐》）

③村里一片寂静。（刘原明《山重山》）

④太阳冒出地平线已经一丈高了。

例①②里是动量短语作状语，例③④里是物量短语作状语。动量短语作状语是经常性的，物量短语作状语是有条件的，主要有以下三种情形：一种是出现在存在句里，表示某处存在着的某种情状；定语多为“一片”、“一团”之类的量词短语，用来修饰“漆黑”、“光明”、“寂静”等少数形容词。另一种是度量衡单位的量词构成的量词短语，主要用来修饰能表示度量的某些形容词，如“三尺长”、“六尺宽”、“五斤重”等。还有一种是量词短语重叠以后作状语的，如“一口一口地吃”、“一页一页地翻看”等。

（7）体词性词语大多数不能作状语。但是表示时间或处所的体词性词语有时也能作状语。例如：

①我明天等你一块放风筝，钓鱼，好吧？（曹禺《北京人》）

②我现在已是五个儿女的父亲了。（朱自清《儿女》）

③咱们屋里去谈吧！

④袁先生，这边坐吧。（曹禺《北京人》）

表示时间、处所的名词性词语在谓语动词前边有两种情形：一种是状语，另一种是主语。区别在于：（1）如果这类词语在句首，并作谓语陈述的对象，谓语是说明时间或处所本身是怎么样的，则是主语，如“中秋节是过去了”、“学校里住着许多人”便是；反之这类词语不作陈述对象，只表示动作发生的时间或地点，则是状语，如上述①④等例。（2）表示时间、处所的名词性词语作主语时，一般不能去掉，去掉了句子便不能成立，如“中秋节是过去了”去掉“中秋节”只说“是过去了”便不能说明什么问题；相反，作状语时可去掉，去掉后句子一般仍站得住，如例②，去掉“现在”，说成“我已是五个儿女的父亲了”仍是一个主谓句。

少数抽象名词（“历史”、“本能”、“科学”、“民主”等）有时也可作状语，如“建设四化的重任历史地落在我们的肩上”。比喻某种情状或表示动作的工具时，某些名词有时也用来作状语，如“芝麻大”、“手指粗”、“电话汇报”、“炮轰”等。表示动作的方式或状态时，某些名词短语（定心短语）也可用来作状语，如“大规模地展开”、“远距离地操纵”、“多方面地进行探索”等。

2. 状语所表示的意义

状语在修饰中心语时所表示的意义，概括起来主要有两类：

第一类：描写性状语。这类状语用来描写中心语所代表的动作的情状。形容词、表情状的副词、拟声词、“似的”短语等常用来作描写性状语。例如：

①徐桂青只是呆呆地站着。（艾芜《雨》）

②两个礼拜匆匆地过去了。（朱自清《阿河》）

③我的心通通直跳。（刘厚明《山重山》）

④汽车发疯似的向前飞跑。（茅盾《子夜》）

第二类：限制性状语。这类状语用来限定中心语所代表的动作的时间、处所、范围、工具等等的。大多数副词以及介词短语、表示时间处所的体词可用来作限制性状语。例如：

①老太爷正打算着卖房子呢。（曹禺《北京人》）

②太阳刚刚下了地平线。（茅盾《子夜》）

③两个姑娘都围着灰色的拉毛围巾，都挎着一个黑色的皮包。（李陀《愿你听到这支歌》）

④他用手攀着上面，用脚再向上缩。（朱自清《背影》）

如果较细致地进行分析，状语所表示的意义也是多种多样的，常见的有：

（1）状语表示情状：亲自去|慢慢走|认真学习

（2）状语表示程度：很喜欢|非常勇敢|更加用功

（3）状语表示时间：已经证明|永远健康|明天见

（4）状语表示处所：从日本来|北京见|在墙上画

（5）状语表示范围：都好|统统去|全都完成

（6）状语表示否定或肯定：不笨|没睡觉|一定去

（7）状语表示工具：枪打|电话联系|用铅笔写字

（8）状语表示数量：三寸长|五斤重|六尺高

（9）状语表示对象：为人民服务|给他看|比我高

（10）状语表示语气：大概有|也许来|偏要来

四、多项式状心短语

由一个简单的状心短语延伸扩展出来的偏正短语，叫做多项式状心短语。它象多项式定心短语一样，也有四个格式：递加式、顿加式、列加式以及交叉式。

1. 递加式的状心短语

递加式的状心短语是指两个或两个以上的状语从右到左一层层套叠到中心语上去的状心短语。这种状心短语的形式是：$A_1 \rightarrow (A_2 \rightarrow (\cdots \rightarrow (A_n \rightarrow V)))$。[①] 例如：

①等我再抬起头来时，她已默默地向外走了。（朱自清《阿河》）

---

① 本节把状语记作A，把中心语记作V，把修饰关系记作→，把并列关系记作+。A_1，A_2，…，A_n 分别表示状语的第一，二，…，n项。

②他分明已经纯乎是一个乞丐了。（鲁迅《祝福》）

③他今天晚上又对我哭起来了。（曹禺《北京人》）

这种状心短语如果从小到大进行分析，则最右边的层次最小。最小的状心短语里的中心语是由谓词或不是状心结构的谓词性短语充当的；其它层次的状心短语里的中心语是由状心短语充当的。递加式状心短语构成原理跟递加式定心短语原理是一样的。也可用图显示，以①为例，可图示如下：

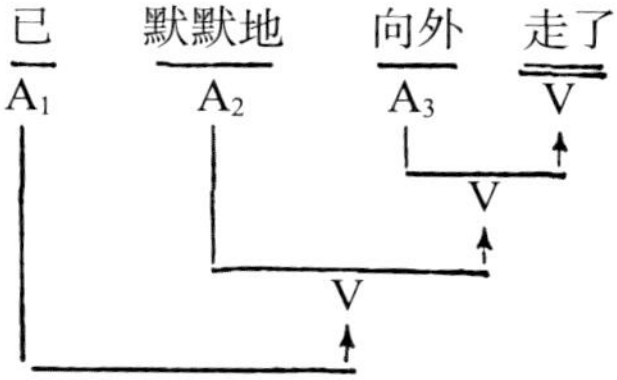

递加式的状语也有一定的排列次序，一串较多的状语排列在一起大致顺序是：A_1 是表示时间的名词或介词短语，A_2 是表示处所的名词或介词短语，A_3 是表示工具的介词短语或动词短语，A_4 是副词，A_5 是表示情状的副词或形容词。例如：

我昨天（A_1）在家里（A_2）用放大镜（A_3）又（A_4）仔细地（A_5）校读了一遍（V）。

但这种次序并不十分严格，特别是表示时间的副词作状语，位置相对比较灵活。如“用放大镜又仔细地看了一遍”，也可说成“又用放大镜仔细地看了一遍”。

副词主要用来作状语，副语内部有许多小类，它们之间也有一定的次序的，大致情况是：

（1）表示语气的副词通常在其它副词之前，例如“也许再也不来了”、“大概都已经完成”。

（2）表示范围的副词通常在表示情状、程度、否定的副词的前面，例如“都亲自去”、“都非常用功”、“都不好”。

（3）表示时间的副词可放在程度副词之前，例如“已经很努力”。可以放在表示范围的副词之前或之后，例如“都已经完成”、“已经都完成”。

（4）表示否定的副词可以在表示范围、时间、程度的副词之前，例如“不都是这样”、“不经常去”、“不很好”；有时也可在后，例如“都不是这样”、“经常不去”、“很不好”。

（5）如果把成串副词排列在一起，主要的有以下三种次序：

（1）语气＋范围＋时间＋程度，如：“大概都已经很熟悉了”。

（2）语气＋范围＋否定＋时间＋情状，如：“大概都不再互相攻击”。

（3）语气＋时间＋范围＋时间＋否定＋程度，如：“也许仍然都还不很熟悉”。

2. 顿加式状心短语

顿加式状心短语是指两个或两个以上的状语从左到右一层层套叠到中心语上去的状心短语。它可记作：$(((A_1 \rightarrow A_2) \rightarrow \cdots) \rightarrow A_n) \rightarrow V$。例如：

①我不十分清楚你过去的身世。（杨朔《香山红叶》）

②我的想法不一定妥当，供你参考。

③他不很坚定地表了态。

这种状心短语比较少，跟其它多项式状心短语比较，长度也相对地短。它构成的原理跟顿加式的定心短语是一样的。

也可用图显示，以③为例，可图示如下：

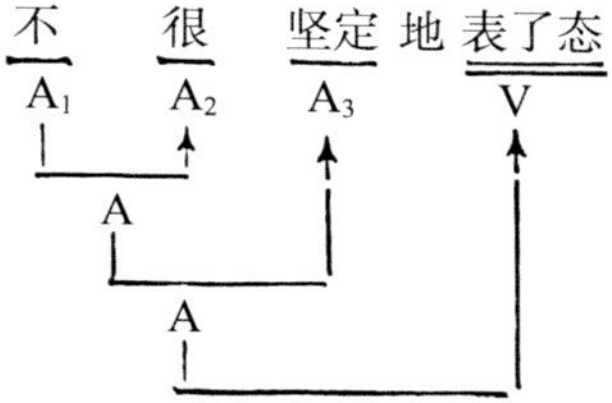

3. 列加式状心短语

列加式状心短语是由两个或两个以上的词语并列地作状语所构成的。这种状心短语的形式可记作：$(A_1 + A_2 + \cdots + A_n) \rightarrow V$。例如：

①只有这样，才能全面地真实地反映我们的时代。（陶铸《太阳的光辉》）

②一股辣气慢慢的，准确的，有力的往下走。（老舍《骆驼祥子》）

③它们和海，和月，和风，和天空在一起。（王蒙《海的梦》）

这种列加式状心短语实际上是一个并列短语作状语构成的，也可用图显示。以③为例，可图示如下：

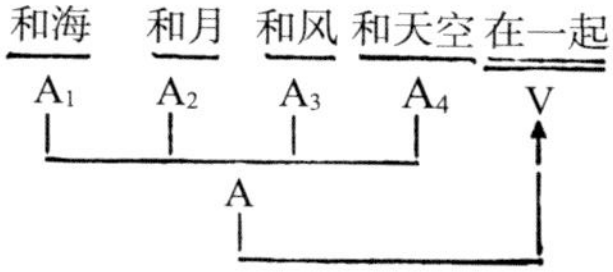

并列短语各成分拆开来时可分别作状语修饰后面的中心语。因此“$(A_1 + A_2 + \cdots + A_n) \rightarrow V$”等于“$A_1 \rightarrow V + A_2 + V + \cdots + A_n \rightarrow V$”，两者可互相变换。如例②“慢慢的，准确的，有力的

往下走”可变换成“慢慢的往下走，准确的往下走，有力的往下走”。

4. 交叉式状心短语

交叉式状心短语是由递加式、顿加式、列加式互相交叉混合而构成的。例如：

①苏州河的浊水幻成了金绿色，轻轻地、悄悄地向西流去。（茅盾《子夜》）

②车子在平道上晃晃悠悠的慢慢的走着。（周立波《暴风骤雨》）

③你不一定马上就去。

这里例①②是递加式和列加式交叉在一起，例③是顿加式和递加式交叉在一起。

五、状心短语的用途

状心短语在句子里主要用来作谓语；作定语、补语、状语、主语、宾语比较少，是有条件限制的。

1. 状心短语作谓语。这是很普遍的。例如：

①我不累。（曹禺《北京人》）

②我终于回来了。（朱自清《回家杂记》）

③朱吟秋突然插进来问。（茅盾《子夜》）

④她跌跌撞撞地离去。（王蒙《风筝飘带》）

⑤这孩子特别爱哭。（朱自清《儿女》）

2. 状心短语作定语。其条件是后边要带“的”。例如：

①他是很听话的孩子。（鲁迅《祝福》）

②静听着的那班人都笑出声来了。（茅盾《子夜》）

③长久干涸的河床又流水了。(王蒙《风筝飘带》)

④他就是这样一个极其普通的劳动者。(杨朔《茶花赋》)

3. 状心短语作补语。其条件是前边必定有结构助词“得”,例如:

①卢进勇走得特别快。(王愿坚《七根火柴》)

②月亮升得很高了。(峻青《海滨仲夏夜》)

③五婶急得向燕燕说。(赵树理《登记》)

④她吓得一跳。(叶圣陶《夜》)

4. 状心短语作状语。例如:

①她非常欢喜地接受了。(陆定一《老山界》)

②深秋的太阳没遮拦地照在身上。(吴伯箫《猎户》)

③我不自主地立起来。(朱自清《阿河》)

④〔他〕很清楚的听见一声鸡鸣。(老舍《骆驼祥子》)

⑤我很怅惘地徘徊了一回。(朱自清《哀韦杰三君》)

状心短语作状语比较少。其条件是:(1)这样的状心短语里,作状语的通常是表程度的或表否定的副词;(2)状心短语作状语,后边必定带结构助词“的”或“地”。

5. 状心短语作主语

①不回来是对的。(曹禺《北京人》)

②出了东关大街,转过一个山嘴,不远就是飞机场。(方纪《挥手之间》)

③用种子繁殖也是杨树育苗的一个好方法。(杨鉴普《杨树》)

④究竟有没有灵魂,我也说不清。(鲁迅《祝福》)

状心短语作主语也很少见，它通常表示一件事，有时也可表示物、处所等，如例②的“不远”便是。它作状语的条件是：出现在判断句里，如例①②③；有时也可作话题主语出现在主谓谓语句里，如例④。

6. 状心短语作宾语。例如：

①承认不懂，才能从不懂变懂；承认不会，才能从不会变会。（高中课本语文第三册《善于建设一个新世界》）

②〔她男人〕不肯白白地放掉她。（朱自清《阿河》）

③看到这场景，将军觉得十分快意。（王愿坚《普通劳动者》）

④翻天覆地的闹腾了一夜的旷野上，现在显得异常寂静。（峻青《黎明的河边》）

状心短语作宾语比较少，条件是：作述语的动词主要是那些表示人的意志、愿望、感受方面的动词。

第六章　述补短语

一、什么是述补短语

由述语和补语两直接成分组成的谓词性短语，叫做述补短语。补语和述语之间的关系是补充和被补充的关系，补语是补充成分，述语是被补充的成分。例如：

吃饱	洗干净	跑进去
站起来	来得早	飞得很高
走不快	看三次	去一趟

这些都是述补短语。以"吃饱"为例，"吃"是述语，是被补充的成分；"饱"是补语，补充说明述语"吃"的结果，是补充成分；所以"吃饱"是述补短语。

述补短语里述语和补语的次序是：述语在前，补语在后。这种次序不能颠倒。颠倒后往往不通，如"吃饱"不能说成"饱吃"。有些述语和补语颠倒语序后，虽能成立，但表示的结构关系不一样，如："来早"、"说多"是述补结构，而"早来"、"多说"却是状心结构；"拿进去"是述补结构，"进去拿"却是顺递结构。

注：在本章的例句里，浪线（～～～）表示述补短语，单线（——）表示补语，双线（══）表示述语。

述补短语里的述语，跟述宾短语里的述语一样，是由谓词性词语充当的。根据充当述语的谓词的类别，述补短语可以分为两大类：

（1）动补短语。由动词性词语（主要是动词，有时也有动词短语）作述语的述补短语，叫做动补短语。例如：

①门外有两个乡下人要走进来。（朱自清《阿河》）

②雨下大了。（曹禺《北京人》）

③我很想去掐她一下呀！（朱自清《阿河》）

④我们要总结正反两方面的经验，把必要的规章制度恢复或建立起来。（邓小平《当前钢铁工业必须解决的几个问题》）

上边例①②中作述语的“走”、“下”是动词，例③④中作述语的“掐她”、“恢复或建立”是动词短语。

（2）形补短语。由形容词性词语（主要是形容词，有时也有形容词短语）作述语的述补短语，叫做形补短语。例如：

①院子里凉爽得很，干净得很。（孙犁《荷花淀》）

②你老糊涂了。（曹玉林《苏醒的田野》）

③天热得发了狂。（老舍《骆驼祥子》）

④他办事谨慎小心得过分了。

这里例①②③中作述语的“凉爽”、“干净”、“老”、“热”都是形容词，例④中作述语的“谨慎小心”是形容词短语。形补短语跟动补短语比较要少得多。

述补短语跟述宾短语比较，都有述语，都是谓词性短语，这是它们的相同处。但它们又是不同的短语，述补短语里有补语，述宾短语里有宾语。从语法意义上看，宾语是述语所支配的，补语是对述语有所补充的。从形式上看，述补短语和述宾短语的区别表现在：（1）谓词后带体词的必定是述宾短语，（2）谓词后带结构助词“得”构成的短语必定是述补短语。（3）动量短语出现在动词后边，是述补短语，如“看一下”、“说一遍”；物量短语出现在动词后边，一般是述宾短语，如“吃一碗”、“买一本”[①]。（4）动词后面出现动词或形容词，即“动+动”或“动+形”的组合，这时可能有纠缠。区别的方法是可用插“得”或“不”来试验。能插入“得／不”表示可能或不可能的，是述补短语，如“搬动”、“看清楚”可说成“搬得动”、“搬不动”、“看得清楚”、“看不清楚”；述宾短语中间不能插入“得／不”，如“喜欢学习”、“怕苦”不能说成“喜欢得学习”、“喜欢不学习”、“怕得苦”、“怕不苦”。

述补短语跟状心短语比较也有相似处，表现在述补短语的述语和状心短语里的中心语都是由谓词性词语充当的。它们的区别是：从表现的语法意义上看，补语是起补充作用，状语是起修饰作用。从补语与状语的位置来看，补语一定出现在谓词之后，不能出现在谓词之前，状语则一般出现在谓词之前，而不出现在谓词之后。[②]试比较：

A组：很好　　错说　　多跑

B组：好得很　　说错　　跑多

A组是状心短语，B组是述补短语。A组和B组相对应的短语

---

① 表时间的数量短语比较特殊：有时表示物量，如“时间已经过去了三天”；有时表示动量，如“文章已经写了三天”。“过去了三天”可变换成“三天过去了”；“写了三天”不能变换成“三天写了”。

② 在具体句子里，由于表达的需要，有的状语可移到谓词之后（参见第五章第一节）。那是特殊情形。

所表现的意义有的不一致，如“多跑了”是指不必要的“跑”、“跑多了”是指跑的次数或路程太多了。有的基本一致，如“很好”和“好得很”都表示好的程度深，但语法意义上有差别：“很”在“好”前，表示修饰意义，“很”在“好”后表示补充意义。

二、述语所带的补语

1. 充当补语的词语

补语是述语的补充成分，除体词性词语外，大多数实词和短语能作补语。

（1）形容词性词语常作补语。例如：

①青草喂肥了羊群。（碧野《天山景物记》）

②我的眼泪早哭干了。（曹禺《雷雨》）

③大风刮得正猛。（鲁迅《故乡》）

（2）动词性词语也能作补语。例如：

①她笑弯了腰。（赵大年《公主的女儿》）

②她又被人救活了。（曹禺《雷雨》）

③大水又兴头头的跑出去了。（袁静《新儿女英雄传》）

（3）数量短语也能作补语。例如：

①雕刻家在乱石旁大哭一场。（叶圣陶《古代英雄的石像》）

②它看了我一眼。（老舍《小麻雀》）

③她急着想找个人打听一下。（初中课本语文第三册《孟姜女》）

（4）主谓短语有时也可作补语。例如：

①这一下更问得主任出不上气来。（赵树理《登记》）

②她们摇得小船飞快。（孙犁《荷花淀》）

③小梅激动得心都要跳出来了。（袁静《新儿女英雄传》）

主谓短语作补语时，述语后必须有结构助词“得”。

（5）副词有时也可作补语。例如：

①我心里激动极了。（初中课本语文第一册《一件珍贵的衬衫》）

②月亮升起来，院子里凉爽得很，干净得很。（孙犁《荷花淀》）

③您一定辛苦得很。（茅盾《子夜》）

副词作补语一般在形容词或心理动词的后边，而且这样的副词也有限，通常是表示程度的。

2. 补语类别

根据补语和述语之间的关系，补语可以分为以下七类：

（1）结果补语。这种补语是补充说明动作（或性状变化）的结果的。例如：

①窦松贵的眼睛睁大了。（曹玉林《苏醒的田野》）

②眼睛望痛了，脚也站麻了。（谭谈《山道弯弯》）

③父女俩闹翻了。（梁斌《播火记》）

④车开走了。（张贤亮《龙种》）

由结果补语和述语构成的述补格式通常称作“动结式”。其形式特点是：（1）作结果补语的，大都是形容词，也有一些动词。[①]（2）中间插“得／不”能表示可能或不可能，如“冻坏”，

---

① 作补语的动词为数不多，常见的有“走、跑、动、掉、倒、翻、断、疯、死、懂、完、通、穿”等。

插“得／不”能构成“冻得坏”和“冻不坏”。这时的补语转化为“可能补语”。（3）形容词作补语的动结式，中间插结构助词“得”后能变成情状补语，如“抓紧”，插“得”后可构成“抓得很紧”、“抓得不紧”等。（4）动结式的否定形式是在前边加“没”或“不”，如“抓紧”可说“没抓紧”、“不抓紧（不行）”。

动结式述补短语在句中作谓语时，从语义上看往往隐含着两个表述（主谓关系）。例如“武松打死了老虎”可分析为：“武松打老虎＋老虎死了”，“小王学会外语”可分析为：“小王学外语＋小王会了”。

（2）趋向补语。这种补语是补充说明动作（或性状变化）的趋向的。例如：

①申耀宗偷偷的溜<u>出去</u>了。（袁静《新儿女英雄传》）

②那边黄小姐可急了，走<u>过来</u>推了她一下。（朱自清《阿河》）

③我们终于爬<u>过</u>了雪山。（江耀辉《红军鞋》）

④她放<u>下</u>了电话。（谌容《人到中年》）

由趋向补语和述语构成的述补格式通常称作“动趋式”。其形式特点和“动结式”类似：也能插“得／不”表可能和不可能，如“放下”。插“得／不”可构成“放得下”、“放不下”；否定式也在前边加“不”或“没”，如“不过来”、“没过来”。动趋式跟动结式的区别是：（1）作趋向补语的，都是具有趋向意义的动词（趋向动词），如“来、去、上、下、进、出、起来、下去、进来、过去”等。[①]（2）复合的趋向动词作补语时，述语和补语间能插

① 有些趋向动词附着在动词后边表示“态”，如“笑起来”表示开始，“干下去”表继续态，等等。这样用的时候，趋向动词已经虚化，也就不一定作补语分析。

入时态助词“了”，如“走了进来”、“站了起来”。

（3）程度补语。这种补语是补充说明动作（或性状变化）的程度的。例如：

①他们疲倦极了，饥饿极了。（秦牧《土地》）

②脑袋痛死了。（谭谈《山道弯弯》）

③你衣服穿少了。（曹禺《北京人》）

④你来晚了。（郑万隆《年轻的朋友》）

由程度补语和述语构成的述补短语可称作“动度式”。其形式特点是：（1）作程度补语的主要是“极、很、透、死[①]、遍、多、少、早、晚、迟”等有限的几个词。（2）补语和述语之间不能插“得／不”表可能或不可能，如“好极”不能说“好得极”、“好不极”。但副词“很”作程度补语构成的述补短语中间有结构助词“得”，如“喜欢得很”、“好得很”。形式上跟情状补语有相同处，但也有不同，它没有相对应的否定形式，如不能说“喜欢不很”、“好不很”。这是比较特殊的情形。有些动度式述补短语中间如果插上“得”，如“穿得很少”，这时的补语便转化为情状补语了，因为它有相对应的否定形式“穿得不少”。

（4）可能补语。这种补语是补充说明动作（或性状变化）的结果（或趋向）的可能实现或不可能实现的。例如：

①她说得到做得到。（高中课本语文第三册《守财奴》）

②许多中国古代的风土习俗、语言服装，在朝鲜还看得见。（杨朔《三千里江山》）

---

① 动词“死”在动词后作补语的是结果补语。如“打死”、“跌死”。作程度补语的“死”（如例②的“痛死了”以及如“高兴死了”、“难看死了”中的“死”）表示达到极点，相当于“极”，这个“死”已不是动词。

③狂风吹不倒它，洪水淹不没它，严寒冻不死它，干旱旱不坏它。（陶铸《松树的风格》）

④平平整整的地上连一个老鼠洞也找不出来。（茅盾《第比利斯的地下印刷所》）

由可能补语跟述语构成的述补格式可称作可能式。可能式述补短语都是由动结式或动趋式述补短语转化来的。可能式的肯定形式是“述语+得+补语”，如“吹得倒”、“看得见”，表示可能；它的否定形式是“述语+不+补语”，如“吹不倒”“看不见”表示不可能。

（5）情状补语。这种补语是补充说明动作（或性状变化）的情境或状态的。例如：

①月亮升得很高了。（峻青《海滨仲夏夜》）

②老宋微微一笑，笑得十分自信。（杨朔《海市》）

③冰凉的河水呛得我好难受。（张洁《挖荠菜》）

④脚凉得象冰似的。（曹禺《北京人》）

情状补语跟述语构成的述补短语，中间有一个结构助词“得”。这种述补格式不妨称之为“动得式”。动得式的肯定形式是“述语+得十补语”，如“跑得快”、“说得清楚”；它的否定形式是“述语+得+不+补语”，如“跑得不快”、“说得不清楚”。[1]动得式的肯定形式跟可能式的肯定形式一样，都是“述语+得+补语”，因此当补语是一个形容词时，往往会引起歧义，比如单个儿“长得高”就有两种理解：或者是可能补语，或者是情状补语。区别它们主要是看否定形式。比较：

① 动得式的补语如果比较复杂，就没有否定形式，如“呛得我好难受”便没有否定形式。

肯定形式	否定形式	述补格式
长得高$_1$	长不高	可能式
长得高$_2$	长得不高	动得式

从上面比较就可看出“长得高”有两种不同的否定形式。与否定形式“长不高”对应的“长得高$_1$”是可能补语，与否定形式“长得不高”对应的“长得高$_2$”是情状补语。

动得式述补短语有的是由动结式述补短语转化来的，如“升高”是动结式，“升得很高”便是动得式。但有些跟动结式没有关系，如“笑得十分自信”、“冷得象冰似的”。动得式述补短语在句中作谓语时，从语义上看，往往也隐含着两个表述。例如“老宋笑得十分自信”可分析为：“老宋笑+老宋十分自信”，“他逼得我无路可走”可分析为：“他逼我+我无路可走”。

还有一种格式：述补短语间插有“个”或“了个”、“得个”。这种格式不妨称之为“动个式”，它里面的补语也是情状补语。例如：

①让我们喝个足，喝个饱，喝个痛快。（杨朔《三千里江山》）

②讲话定要讲个痛快。（臧克家《闻一多先生的说和做》）

③这番话把何茹气了个两眼发黑。（李国文《月食》）

④〔她〕挑起整桶的水来，走得个快。（袁静《新儿女英雄传》）

“动个式”和“动得式”一样，补语都表示情状。它们的区别主要表现在：（1）“动得式”可用于询问句，“动个式”则不行。如可说“讲得痛快吗”，但不能说“讲个痛快吗”。（2）“动得式”

常有相对应的否定形式，如“讲得痛快”表肯定，“讲得不痛快”表否定；“动个式”一般无相对应的否定格式，如“讲个痛快”可说，“讲个不痛快”不说。[1]

（6）数量补语。这种补语是补充说明动作的数量的。例如：

①看我的份上，你去一趟吧！（曹禺《北京人》）

②警察搜查了几次，都一无所获。（茅盾《第比利斯的地下印刷所》）

③我刚才也寻了一遍，没有看见。（郑振铎《猫》）

④好，你再踩一下！（李国文《月食》）

数量补语大都是由动量短语充当的。有些表示时间的物量短语在表示动作持续的时间（时段）量时，也可作补语，如“休息了一小时”、“住了三天”等。数量补语和述语构成的述补短语可称为“动量式”。

（7）时地补语。这种补语是补充说明动作的时间或处所的。例如：

①鲜血流在棉衣里，鲜血流在战壕里。（谢雪畴《老虎团的结局》）

②总督府内熊熊的火焰冒向天空。（周定舫《人民英雄永垂不朽》）

③卢进勇悄悄走到后卫连指导员的身边。（王愿坚《七根火柴》）

④这种友谊来自战火纷飞的年代。（李国文《月食》）

---

① “动个式”有时也有否定，但只是习用的几个词语，如“哭个不停”、“骂个不休”、“挤个不开”（没有“哭个停”、“骂个休”之类说法）。

⑤永定河上的芦沟桥，修建于公元一一八九年到一一九二年间。（茅以升《中国的石拱桥》）

这里例①②③中的补语表示动作的处所，例④⑤表示动作的时间。时地补语都是由“在、到、向、于、自”等介词构成的介词短语充当的。这种述补短语不妨称之为“动介式”。这种“动词+介词短语”的形式也可分析为述宾短语，即把“动词+介词”看作复合动词，介词后面的表示时间或处所的词语看作宾语。如“流在棉衣里”，“棉衣里”是“流在”的宾语；“生于一九〇一年”，“一九〇一年”是“生于”的宾语。[①]

三、述补短语的用途

述补短语在句子里主要用来作谓语和述语。在一定的条件下也可用来作主语、宾语、定语、补语和状语。例如：

1. 述补短语作谓语。例如：

①车开走了。（张贤亮《龙种》）

②上面阳光垂照下来，下面浓雾滚涌上去。（刘白羽《长江三峡》）

③我睡不着。（曹禺《北京人》）

④夫妻俩痛哭了一场。（初中课本语文第三册《牛郎织女》）

⑤这一堆野火红得特别鲜艳。（姚雪垠《李自成》）

⑥她痛苦极了。（谭谈《山道弯弯》）

这里例①是动结式述补短语作谓语，例②是动趋式述补短语作

① 参看丁声树等《现代汉语语法讲话》第59—60页，以及《现代汉语八百词》第13页。

谓语，例③是可能式述补短语作谓语，例④是动量式述补短语作谓语，例⑤是动得式述补短语作谓语，例⑥是动度式述补短语作谓语。各种述补短语都能作谓语。

2. 述补短语作述语。例如：

①他睁开了眼睛。（鲁彦周《天云山传奇》）

②我便跨上岸，走进海市里去。（杨朔《海市》）

③她羞红了脸，心跳得咚咚响。（祝兴义《儿子长大以后》）

④叶三车挣脱开蓑嫂的拉扯，出门一阵风不见了。（刘绍棠《花街》）

⑤我家养了好几次猫。（郑振铎《猫》）

例①②③是动结式、动趋式的述补短语作述语，后边带上宾语；例④可分析为“（挣+脱）+开”，是动结式述补短语作述语后边带上补语；例⑤可分析为“（养+好几次）+猫”，是动量式述补短语作述语后边带宾语。在语言运用中，动结式、动趋式的述补短语带宾语的情形最多，随处可见。复合趋向动词作补语构成的述补短语也可作述语带宾语，但宾语的位置可有两种。一种是，宾语在复合趋向动词之后，如：“走出来一个人”、“拿出来一本书”；另一种是宾语在复合趋向动词之间，如“走出一个人来”、“拿出一本书来”。

3. 述补短语作定语。例如：

①冻醒了的同志们围着火堆小声地谈着话。（陆定一《老山界》）

②〔他〕也还有饿死的危险。（老舍《骆驼祥子》）

③写不出的时候不硬写。（鲁迅《答北斗杂志社问》）

④这工夫，我才感觉到冻得发麻的双脚开始发痛。（杜鹏程《夜走灵官峡》）

⑤炕桌上摆着煮得粘粘巴巴的豆角。（周立波《暴风骤雨》）

述补短语作定语，后边必须带结构助词“的”。各种述补短语都可作定语。

4. 述补短语作主语。例如：

①“说不清”是一句极有用的话。（鲁迅《祝福》）

②成绩究竟是三分还是七分？说少了不行，说多了也不行。（毛泽东《党委会的工作方法》）

③回去是一定要回去的。（叶圣陶《潘先生在难中》）

④摆脱也知是不行的，但不自觉地时时在摆脱着。（朱自清《儿女》）

述补短语作主语的现象较少见。它作主语受到严格的限制。条件是：（1）它是作为一件事出现在主语的位置上，[①] 谓语是对它进行解释、说明或评议，所以述补短语所作的主语通常是一种话题主语；（2）它要求后边的谓语或谓语中心词是表示判断的动词，如“是”、“为”之类；或是表示评议的动词（助动词），如“行、应该、可以”等；或是某些形容词、如“好、容易、难”等。

5. 述补短语作宾语。例如：

①这时大家都觉得坐腻了。（茅盾《子夜》）

②我当时虽然觉得圈得可笑，但是毫不介意。（鲁迅《藤野先生》）

---

① 在特殊的情况下述补短语代表一种“物”，如例①的“说不清”便是代表一句话。

③要抓紧。就是说，党委会工作不但一定要抓，而且一定要抓紧。（毛泽东《党委会的工作方法》）

④去年刚一胜利，不用说是想回来的。（朱自清《回家杂记》）

述补短语作宾语也受到一些条件的限制，所以比较少见。它作宾语的条件是：（1）它表示一种事件出现在述语之后。（2）它要求前边的述语或述语中心词是表示心理活动的动词，如“觉得、觉着、感到、知道、想”等，或者是表示评议的动词（助动词），如“应该、该、要、可以”等。

6. 述补短语作补语。例如：

①累得走不动的时候，索性在地上躺一会儿。（陆定一《老山界》）

②我欢喜得跳了起来。（阿累《一面》）

③龙大立高兴得蹦了几蹦。（丁隆炎《冬夜》）

④第二天醒得迟了一点。（赵树理《李有才板话》）

⑤炕上的妇女笑的（得）倒在被子上。（康濯《春种秋收》）

述补短语作补语通常是补充说明前面的述语所表示的动作或性状的情景、状态的。述语和补语之间一定要有结构助词“得”。

7. 述补短语作状语。例如：

①〔她〕跑得满头大汗地赶上了我，又哭又叫地扯着我的衣襟不许我走。（峻青《潍河上的春天》）

②他穿得整整齐齐地上城里去了。

③两人忍不住地笑了。（浩然《艳阳天》）

④她说完又禁不住地笑了。（张斌《紫丁香》）

述补短语作状语极少。作状语的主要是某些动得式述补短语和某些习用的述补式构成的词语（如“忍不住”、“禁不住”等）。述补短语作状语后面要带“地”。

第七章　并列短语

一、什么是并列短语

由两个或两个以上的直接成分并列地组合成的短语，叫做并列短语，也称“联合短语”。例如：

老师和学生　　工农兵　　爸爸妈妈以及姐姐

学习并研究　　吃穿用　　唱歌跳舞和打球

勤劳而勇敢　　大中小　　谦虚谨慎严肃认真

这些都是并列短语，以“老师和学生”来说，“老师”、“学生”这两个直接成分之间的关系在结构上不分轻重主次，它们并排地组合在一起，所以是并列短语。并列短语里的直接成分可称作并列语。上例“老师”、“学生”都是并列语。

并列短语跟主谓短语、述宾短语、述补短语、定心短语、状心短语有很大的不同：主谓短语等内部的直接成分只能有两个；而并列短语内部的直接成分（并列语）可以是两个，也可以有两个以上。从理论上说，并列短语内部的直接成分可以不断延伸扩展，在数量上可以是无限的，当然在实际使用中总是有限的。如果把并列语记作C，则并列短语的结构形式可记作：“$C_1 + C_2 + \cdots + C_n$”。

注：在本章的例句里，浪线（～～～）表示并列短语，单线（——）表示并列语。

并列短语中并列语的语序是：在多数情况下，由于并列语在意义上是对等的或平行的，所以它们的语序可以变动，变动后既不改变结构类型，也不改变基本意义。如“老师和学生”可说成“学生和老师”，“聪明勇敢”可说成“勇敢聪明”，“又唱又跳”可说成“又跳又唱”。但是在以下两种情况下，并列语之间不能随意变动语序：（1）有些并列短语经长期使用，并列语的语序已有一定的习惯，就不能变动次序，例如“工农兵”不能说成“农工兵”或“兵工农”，诸如“笔墨纸砚”、“东南西北”、“衣食住行”、“红橙黄绿青蓝紫”等都属此类。（2）有些并列短语内部的并列语的次序本身反映着客观事物或现象的逻辑顺序，也不能变动次序。例如“春夏秋冬”，反映着一年四季的先后有序的交替，就不能说成“冬秋夏春”或“夏冬秋春”。又如“筹备了会议并主持了会议”、“推敲修改甚至重写”等都反映着动作发生的先后有序的顺序。

并列短语内部的并列语之间通常有语音停顿，在书面上往往有表示语音停顿的标点符号。有的用顿号，例如：

①红灯、黄灯、绿灯，闪闪烁烁象夜空的眼睛。（王小鹰《片段》）

②要在旧社会，这么大的洪灾，不知道要淹死、饿死、冻死、病死多少了。（马识途《我们打了一个大胜仗》）

③〔他们〕对新事物采取谦虚、谨慎、严肃、认真的态度。（吴晗《论谦虚》）

有的用逗号，例如：

④风，土，雨，混在一处，联成一片。（老舍《骆驼祥子》）

⑤粉红色的吴少奶奶，苹果绿色的一位女郎，淡黄色的又一女郎，都在那里疯狂地跳，跳！（茅盾《子夜》）

⑥闻一多先生，是卓越的学者，热情澎湃的优秀诗人，大勇的革命烈士。（臧克家《闻一多先生的说和做》）

还有用分号的，例如：

⑦汽车的喇叭叫；笛子，锁呐，小班锣混合着的“哀乐”；当差们挤来挤去高呼着“某处倒茶，某处开汽水”的叫声；发车饭钱处的争吵；大门口巡捕暗探赶走闲杂人们的吆喝；烟卷的辣味，人身上的臭汗；都结成一片，弥漫了吴公馆的各厅各室以及那个占地八九亩的园子。（茅盾《子夜》）

使用顿号、逗号或分号，都是标示语音停顿的。不同的标点，反映着停顿的长短或并列语本身的繁简。一般地说，顿号表示较短的停顿，逗号表示较长的停顿。有些并列短语里，用逗号还是顿号都可以，如例①②③④。但如果并列语本身是由短语充当的，因而比较长，说话时通常要求较长的停顿，则一般使用逗号而不使用顿号，如例⑤⑥。如果并列语本身非常繁复，其中有的并列语本身是由并列短语充当的，那就得用上分号，如例⑦。

并列短语内部的并列语之间在语音上有时也可以没有什么停顿，或者停顿得极短极微，书面上也可以没有什么形式上的标记。例如：

①老宋是个结实精干的壮年人。（杨朔《海市》）

②吴老太爷猛睁开了眼睛，只见左右前后都是象他自

己所坐的那种小箱子——汽车。（茅盾《子夜》）

③如烟似雾的暴风雪，立刻遮住了他们的影子。（峻青《党员登记表》）

④赵家林伸出那只沾得黑一块红一块的右手来，紧紧捂住了传话器。（张天翼《他们和我们》）

没有停顿标记的并列短语，并列语之间联系得比较紧密。特别是有些四音节构成的并列短语有成语化的倾向（如"笔墨纸砚"、"甜酸苦辣"、"男女老少"、"左右前后"、"青山绿水"、"早出晚归"等）。正因为这样，人们在说话时常将这些并列成分连在一起，书面上也就常常不用顿号或逗号了。

二、并列语

1. 充当并列语的词语

各种性质的实词或短语都可以充当并列语。

（1）体词性词语作并列语。例如：

①每天午饭和晚饭，就如两次潮水一般。（朱自清《儿女》）

②"什么他们我们的！"李小琴惊异起来。（张天翼《他们和我们》）

③灰色的树木，灰色的土地，灰色的房屋，都静静的立在黄色的天下。（老舍《骆驼祥子》）

④〔大字报〕不仅贴在墙上、门上、讲台上、黑板上、甚至还贴在教师们的办公桌上、坐椅上乃至于脊背上。（刘心武《我爱每一片绿叶》）

⑤村边场园里，晒豆子的，打芝麻的，剥苞米的，到处有说有笑，是一派热闹的丰收景象。（吴伯箫《猎户》）

⑥祖母常常躺在烟榻上讲那边的事，提着这个 那个乡下人的名字。（朱自清《择偶记》）

这里例①的并列语都是由名词充当的，例②的并列语都是由代词充当的，例③的并列语都是由定心短语充当的，例④的并列语都是由方位短语充当的，例⑤的并列语都是由“的”字短语充当的，例⑥的并列语都是由指量短语充当的。

（2）动词性词语作并列语。例如：

①每逢初一、十五，她都吃斋、烧香、叩拜。（杨沫《房客》）

②国家通过行政管理，指导、帮助和监督个体经济。（《中华人民共和国宪法》）

③〔母亲〕教我坐下、歇息、喝茶，且不谈搬家的事。（鲁迅《故乡》）

④我要象杜甫的诗说的，盖起无数的高楼大厦，叫天下的穷朋友白吃，白喝，白住，研究科学，研究美术，研究文学，研究他们每个人所喜欢的。（曹禺《北京人》）

⑤我们的干部要关心每一个战士，一切革命队伍的人都要互相关心，互相爱护，互相帮助。（毛泽东《为人民服务》）

这里例①②的并列语都由动词充当，例③的三个并列语分别由述补短语、动词和述宾短语充当，例④的七个并列语分别由状心短语和述宾短语充当。例⑤的并列语由状心短语充当。

（3）形容词性词语作并列语。例如：

①不久，各地的城市村庄就全有了花纹又密 又精致的席子用了。（孙犁《荷花淀》）

②他是一个高而瘦的老人，须发都花白了。（鲁迅《从百草园到三味书屋》）

③深夜里，她的面孔宁静而快活。（杨沫《青春之歌》）

④荔枝也许是世界上最鲜、最美的水果。（杨朔《荔枝蜜》）

⑤这屋子很小很黑。（冰心《小桔灯》）

这里例①②③是形容词作并列语，例④⑤是形容词短语作并列语。

（4）主谓短语作并列语。例如：

①大家都说金贵 银贱是中国振兴实业推广国货的好机会。（茅盾《子夜》）

②荔枝蜜的特点是成色纯，养分多。（杨朔《荔枝蜜》）

③只晓得每年芦花飘飞 苇叶黄的时候，全淀的芦苇收割，垛起垛来，在白洋淀周围的广场上，就成了一条苇子的长城。（孙犁《荷花淀》）

④辨不清哪是树，哪是地，哪是云，四面八方全乱，全响，全迷糊。（老舍《骆驼祥子》）

（5）介词短语作并列语。例如：

①〔汉川号〕为我国的海员，为我们的祖国争得了荣誉。（柯岩《汉堡港的变奏》）

②这样一个梦，忽然唤醒了我对父母、对家乡、对亲人的

深深思念。（杨沫《房客》）

③在我们的眼前，在我们的周围，在美丽的自然景色的中间，到处是密密匝匝的，重重叠叠的蝴蝶。（初中课本语文第六册《澜沧江边蝴蝶会》）

④亲爱的朋友们，当你坐上早晨第一列电车驰向工厂的时候，当你扛上犁耙走向田野的时候，当你喝完一杯豆浆、提着书包走向学校的时候，当你坐到办公桌开始这一天工作的时候，当你和爱人一起散步的时候……朋友，你是否意识到你是在幸福之中呢？（魏巍《谁是最可爱的人》）

一个并列短语内部各个并列语的功能性质一般是相同的，如体词性词语常跟体词性词语构成并列短语，动词性词语常跟动词性词语构成并列短语等。但是也有并列短语中的几个并列语功能性质不一样。这种情形比较少。例如：

①夜间，当然比白天需要更多的留神和本事，钱自然也多挣一些。（老舍《骆驼祥子》）

②这巧夺天工的园林建筑，是古代劳动人民勤劳和智慧的象征。（叶圣陶《苏州园林》）

③这是一个高大身材，长头发，眼球白多黑少的人。（鲁迅《范爱农》）

上边例①的并列短语里，并列语“留神”是动词，并列语“本事”是名词；例②的并列短语里，并列语“勤劳”是形容词，并列语“智慧”是名词；例③的并列短语里，并列语“高大身材”、“长头发”是名词性短语，并列语“眼球白多黑少”是主谓短语。

2. 并列语之间的意义关系

并列语之间的意义关系有两种类型：加合关系和交替关系。

（1）加合关系。例如：

①小王和小李是北京人。

②母亲和宏儿都睡着了。（鲁迅《故乡》）

③中华人民共和国有言论、出版、集会、结社、游行、示威的自由。（《中华人民共和国宪法》）

④小王和小李是同乡。

⑤想和做是分不开的。（胡绳《想和做》）

⑥人们在街上走，就仿佛走进了一个琥珀和珍珠缀成的世界。（峻青《秋色赋》）

以上例中并列语之间都是加合关系。加合关系表示相加即所有的并列语都包括在里面，形式特点是可用连词“和”连接。加合关系的并列短语入句，与相关成分配合时，有两种情形值得注意。[①] 一种是“加而不合”，如例①②③中的并列短语；另一种是“加而且合”，如例④⑤⑥中的并列短语。比较：

A. 小王和小李是北京人＝小王是北京人，小李是北京人。

B. 小王和小李是同乡≠小王是同乡，小李是同乡。

A 句“小王和小李是北京人”可分开来说；B 句“小王和小李是同乡”不可分开说，“小王和小李”合起来才是同乡；所以 A 是“加而不合”，B 是“加而且合”。

① 参看吕叔湘《汉语语法分析问题》第 67 页。

（2）交替关系。例如：

①池沼里养着金鱼或各色鲤鱼。（叶圣陶《苏州园林》）

②烧的是炭火，煤火，或者柴火。（曹禺《北京人》）

③大杂院里，每人报告着 形容着或吵嚷着自己的事。（老舍《骆驼祥子》）

④问她“好不好”他便说“小”或“不小”。（朱自清《儿女》）

⑤她们或梳妆，或洒扫，或奏乐，或歌舞，形态各异。（梁衡《晋祠》）

以上例中并列语之间都是交替关系。交替关系也就是选择关系，形式特点是可用“或”、“或者”连接。如例①“池沼里养着金鱼或鲤鱼”，是说池沼里养着一种鱼（“金鱼、鲤鱼”这两种鱼里的一种）。假如说成“池沼里养着金鱼（和）鲤鱼”，是说池沼里养着两种鱼，那就是加合关系了。

2. 不同位置上并列语的呼应与配合

一个句子里，假如在不同位置上有两个以上的并列短语，而这些并列短语的并列语之间又互相联系、互相对应、互相制约、互相影响，这就产生了并列语的呼应和配合问题。一个句子里不同位置上并列语之间的呼应和配合有一定的格式。主要有两种：

（1）交错式。指不同位置上的并列语交错地发生结构关系和意义联系的那种格式，也称“合流式”。例如：

①〔国家〕禁止任何组织或者个人用任何手段侵占或破坏自然资源。（《中华人民共和国宪法》）

②它的举动和表情可露出了十分委屈和为难的样子。

（老舍《小麻雀》）

③国家和社会帮助安排盲聋哑和其它有残疾的公民的劳动、生活和教育。（《中华人民共和国宪法》）

以例①来说，并列语“组织”、“个人”和并列语“侵占”、“破坏”是交错地发生关系的，如果分别叙述，可变成四个并列的分句：

a. 国家禁止任何组织用任何手段侵占自然资源；

b. 国家禁止任何个人用任何手段侵占自然资源；

c. 国家禁止任何组织用任何手段破坏自然资源：

d. 国家禁止任何个人用任何手段破坏自然资源。

可见，交错式是把并列复句单句化，可使话语精练。例②里也有两个并列短语，若分别叙述也可变换成四个并列的分句。例③里有四个并列短语，内部的各个并列语也都是互相呼应互相配合的，若分别叙述，则可变换成48个并列的分句。

（2）分承式。指不同位置上的并列语分别地、一一对应地发生结构关系和意义联系的那种格式，例如：

①就流程来说，尼罗河、亚马孙河、长江和密西西比河，分别居世界的第一位、第二位、第三位和第四位。

②印度洋的东 西 北三面为大洋洲、非洲和亚洲。（《世界地理》）

③电、化肥、水泥比去年同期分别增长百分之四、百分之三、百分之八。（《现代汉语八百词》）

以例①来说，并列语“尼罗河”、“亚马孙河”、“长江”、“密西西比河”分别跟并列语“第一位”、“第二位”、“第三位”、“第四位”一个对一个顺次承接，一一对应。如果分别叙述，可变成四个并列的分句：

a. 就流程来说，尼罗河居世界第一位。

b. 亚马孙河居世界第二位。

c. 长江居世界第三位。

d. 密西西比河居世界第四位。

可见，分承式也是把并列复句单句化，也是使话语精练的一种方法。

三、并列短语里的虚词和固定格式

并列短语常常借助某些虚词和固定格式来表示成分之间的并列的结构关系。这些虚词和固定格式主要有以下一些。

1. 连词

并列语之间常用连词来连接。连词是并列关系的形式标志，一个短语里有个连词，就可确定它是并列短语。但在实际说话里，并列短语并不是都用上连词的。有些并列短语里连词可用可不用，例如“桌子椅子”，也可说成“桌子和椅子”，“勤劳勇敢”也可说成“勤劳而勇敢”。也有些并列短语习惯上不用连词，如某些单音节词作并列语（如“东南西北”、“男女老少”、“工农兵”等），某些省略或并合构成的并列短语（如“轻重工业”、“中日两国”中的“轻重”、“中日”），以及介词短语作并列语，大都不用连词。但也有一些并列短语内必须使用连词。例如：

①年幼的和我都剥豆。（鲁迅《社戏》）

②我们寒暄了几句之后，我就说明了回到S城和寻长富的缘故。（鲁迅《在酒楼上》）

这两例中的并列短语里都有连词“和”，这“和”不能去掉。倘若去掉就成了“年幼的我”、“回到S城寻长富”，那就改变了结构和语义。

在可以和需要用连词的并列短语里，使用连词有一定的规则：

（1）体词性并列短语常用“和、跟、同、与、及（以及）、或（或者）、甚至（甚至于）”等连词[1]。例如：

①我们需要风筝、气球、飞机、火箭和宇航船。（王蒙《风筝飘带》）

②小李跟我都是山西人。（《现代汉语八百词》）

③我、小张、小李同他都住在学校。（《现代汉语八百词》）

④这是必能达到的一个志愿与目的。（老舍《骆驼祥子》）

⑤周仲伟、孙古人，王和甫以及其它三四位，围坐在那张方桌子旁边。（茅盾《子夜》）

⑥墙上蔓延着爬山虎或者蔷薇木香。（叶圣陶《苏州园林》）

⑦他的衣服，鞋帽，洋车甚至于系腰的布带，都被他们抢了去。（老舍《骆驼祥子》）

（2）谓词性并列短语常用“和、而（而且）、并（并且）、或（或者）、甚至（甚至于）”等连词。例如：

①国家组织和鼓励植树造林。（《中华人民共和国宪法》）

---

① “和、跟、同、与、及”用作连词时意义一样。现在使用“和”比较普遍，用“跟”、“同”较少。“与”、“及”多用于书面。

②它表示着成熟和繁荣，也意味着愉快和欢乐。（峻青《秋色赋》）

③紫酱脸的人傲然问，声音宏亮而清晰。（茅盾《子夜》）

④他们都叹息而且表示同情。（鲁迅《社戏》）

⑤〔他们〕赶到抗洪抢险第一线，指挥战斗并亲自参加战斗。（马识途《我们打了一个大胜仗》）

⑥她的一点头，或一笑，都是最美满的回答，使他觉得真是成了家。（老舍《骆驼祥子》）

⑦通常我们写成一篇文章，总是要经过反复的推敲、修改，甚至几次重写。（初中课本语文第五册《关于写文章》）

（3）表示不同的并列关系，使用不同的连词。加合关系通常用“和、跟、同、与、而、并、以及、甚至”等连词表示，其中“甚至（甚至于）”放在最后一个并列语之前突出该并列语，交替关系（即选择关系）通常用“或、或者”等连词表示。

（4）两个以上的并列语使用连词有两种不同的位置：

1）连词位置在最后两个并列语之间，这种用法比较多。例如：

①卷云、卷积云、积云和高积云，都是很美丽的。（初中课本语文第二册《看云识天气》）

②我一路观察各种果木的特征，努力记住它们的树干、枝叶和果实的样子。（刘厚明《山重山》）

③婚姻、家庭、母亲和儿童受国家的保护。（《中华人民共和国宪法》）

连词的这种用法从语义上看，主要是为了着重说明所列举的并列语已经终结。从结构上看，表示该并列短语是一个多成分的单层次结构。

2）连词的位置不在最后两个并列语之间。例如：

①〔他〕坐不到几天，便连人和书籍纸张笔砚，一齐失踪。（鲁迅《孔乙己》）

③宅基地和自留地、自留山，也属集体所有。（《中华人民共和国宪法》）

③今年，钢、铁、电和粮、棉、油的生产都取得了较好的成绩。

这里例①②的连词“和”置于第一个并列语之后；例③的连词“和”置于许多并列语之间，两头都有三个并列语。连词的这种用法，从语义上看是表示逻辑分类，如例①的连词“和”置于“人”和“物”之间；从结构上看，这些例句中的并列短语都是多层次结构。以例①并列短语“人和书籍纸张笔砚”为例，图示如下：

2. 助词

助词表示并列关系，常见的有“等（等等）”、“啊（呀、啦）”、“也好”等。

（1）助词“等（等等）”。例如：

①他爱看《水浒》，《西游记》，《三侠五义》，《小朋友》等；没有事便捧着书或躺着看。（朱自清《儿女》）

②毛白杨、银白杨、新疆杨、山杨、河北杨等，则属于杨属中的白杨派。（杨鉴普《杨树》）

③他的静默里含有忧郁、悲苦、坚忍、温雅等等。（朱自清《哀韦杰三君》）

④〔这一带〕栽种着各种各样的庄稼：小麦、荞麦、谷子、高粱、山药、甜菜等等。（翦伯赞《内蒙访古》）

"等"或"等等"用在两个或两个以上的并列语之后，大都表示列举未尽。[①] 在书面上有时不出"等"或"等等"而可用省略号表示。例如：

⑤牡丹、吊钟、水仙、大丽、梅花、菊花、山茶、墨兰……春秋冬三季的鲜花都挤在一起啦！（秦牧《花城》）

（2）助词"啊（呀、啦）"。例如：

①这里的山啊，水啊，树啊，草啊，都是我从小就非常熟悉的。（《现代汉语八百词》）

②桌上的饭粒呀，汤汁呀，骨头呀，渣滓呀，加上纵横的筷子，欹斜的匙子，就如一块花花绿绿的地图模型。（朱自清《儿女》）

③以后只要交他们些猪鬃啦，鸡蛋啦，就成了。（马烽《一架弹花机》）

"啊"、"呀"、"啦"等助词用在每个并列语之后，既表示停顿的口气，也表示列举。

（3）助词"也好"。例如：

①野兽也好，强盗也好，只要害人，不管它是狼，是豹，

① 有时也可表示列举之后的煞尾，但后面往往带有前列各项的总计数量。如"小王、小李、小张等三人"。

还是纸老虎，我们统统包打。（吴伯箫《猎户》）

②他坐也好，站也好，走路也好，身子总是挺直的。

③花也好，鸟也好，什么也引不起他的兴趣。（《现代汉语八百词》）

"也好"用在每个并列语之后，和下文的"都"、"也"等配合。它不仅表示成分之间的并列关系；而且还附加有强调的语气，表示在任何情况下都如此。

3. 固定格式

某些固定格式也可表示短语中成分之间的并列关系。常见的有"又……又……"、"也……也……"、"边……边……"（或"一边……一边……"）、"是……还是……"等。例如：

①他们能把白干烧得又酸又苦。（邓友梅《话说陶然亭》）

②这马走的脚步是又快又细又匀。（汪曾祺《陈小手》）

③你们一个饭缸子，也盛饭，也盛菜，也洗脸，也洗脚，也喝水，那是讲卫生吗？（孙犁《山地回忆》）

④他就这样边思索边劳动，一气干了三个多小时。（王愿坚《普通劳动者》）

⑤他分得出这杯茶用的是山水，江水，雪水还是自来水。（曹禺《北京人》）

上边例①②的并列短语是固定格式"又……又……"构成的，例③的并列短语是固定格式"也……也……"构成的，例④的并列短语是固定格式"边……边……"构成的，例⑤的并列短语是固定格式"是……还是……"构成的。

四、并列短语的用途

并列短语有各种类型，所以它在句子里能作各种成分。并列短语在句中充当什么成分，跟组成它的词语的功能性质有一定的联系：体词性词语构成的并列短语，其用途相当于体词；谓词性词语构成的并列短语，其用途相当于谓词；区别词构成的并列短语，其用途相当于区别词；介词短语构成的并列短语，其用途相当于介词短语；等等。

1. 并列短语作主语。例如：

①雷参谋和黄奋跳起来大叫怪事。（茅盾《子夜》）

②自治区、自治州、自治县都是民族自治地方。（《中华人民共和国宪法》）

③一切红的绿的电灯，一切长方形、椭圆形、多角形的家具，一切男的女的人们，都在这金光中跳着转着。（茅盾《子夜》）

④羞愧，怕事，难过，都没用。（老舍《骆驼祥子》）

⑤辱骂和恐吓决不是战斗。（鲁迅《南腔北调集》）

作主语的大都是体词性的并列短语，如例①②③之类。谓词性的并列短语作主语要有一定的条件，它要求后面的谓语或谓语中心词一般是“非动作动词”（表示判断、评议的动词）或某些形容词，如例④⑤便是。

2. 并列短语作宾语。例如：

①我们赞美英勇的斗争和艰苦的劳动。（秦牧《花城》）

②我甚至可以不时地抬头看看天上吱吱喳喳飞过去的小鸟，树上绽开的花儿和蓝天上白色的云朵。（张洁

《挖荠菜》)

③将士们在鄂西大山中……常听见老虎叫声、狼的叫声、野猪和猿猴的叫声,以及其它各种大小野兽的叫声。(姚雪垠《李自成》)

④我感到又羞恼,又冤屈!(张洁《挖荠菜》)

⑤他应该防止自满和骄傲,力求不犯错误或者少犯错误。(初中课本语文第四册《个人和集体》)

作宾语的大都也是体词性的并列短语,如例①②③便是。谓词性的并列短语作宾语也是有条件的,它要求前面的述语或述语中心词是表示判断、评议以及某些心理活动的动词,如例④⑤便是。

3. 并列短语作谓语或述语。例如:

①战士们欢呼着,射击着,追赶着。(谢雪畴《"老虎团"的结局》)

②家里没有一个体恤我,可怜我,心疼我。(曹禺《北京人》)

③那溅着的水花,晶莹而多芒。(朱自清《温州的踪迹》)

④天山蘑菇又大又肥厚。(碧野《天山景物记》)

⑤正是这千百万人创造了和创造着中国的历史。(朱德《回忆我的母亲》)

⑥国家保护和改善生活环境和生态环境。(《中华人民共和国宪法》)

作谓语和述语的主要是谓词性的并列短语。体词性的并列短语一般不能作谓语或述语。上面例①②③④是并列短语作谓语;例⑤⑥是并列短语作述语,后边再带宾语。

4. 并列短语作定语。例如：

①国家提倡爱祖国、爱人民、爱科学、爱社会主义的公德。（《中华人民共和国宪法》）

②在这平凡而可敬的女教师面前，我不想原谅自己。（刘厚明《山重山》）

③他站住了，脸上露出欢喜和凄凉的神情。（鲁迅《故乡》）

④张素素和李玉亭的脸上都紧张起来了。（茅盾《子夜》）

⑤国家帮助少数民族地区加速经济和文化的发展。（《中华人民共和国宪法》）

谓词性和体词性的并列短语都能作定语。上边例①②③是谓词性并列短语作定语，例④⑤是体词性并列短语作定语。此外，区别词构成的并列短语是专门用来作定语的，如“我们农场今年购买了许多大型、中型和小型的拖拉机”。

5. 并列短语作状语。例如：

①雨点轻柔而均匀地洒落在树叶上。（刘白羽《长江三峡》）

②只有这样，才能全面地真实地反映我们的时代。（陶铸《太阳的光辉》）

③全家都是惴惴不安地又很兴奋地等候“收茧”。（茅盾《春蚕》）

④它对自己和对人都没有信心。（老舍《小麻雀》）

⑤物候资料对于安排农作物区划，对于确定造林和采集树木种子的日期，很有参考价值。（初中课本语文第三册《大自然的语言》）

作状语的大都是形容词性词语构成的并列短语，如例①②③；

介词短语构成的并列短语通常作状语，如例④⑤。

6. 并列短语作补语。例如：

①这雨来得又突然又猛烈。（王愿坚《普通劳动者》）

②他批评得很对，很好。（马烽《结婚现场会》）

③到了夏至后，发青的酥油草把它们养得胖墩墩，圆滚滚。（碧野《天山景物记》）

④大门口那棵枣树，长得更高更大了。（李国文《月食》）

⑤她那几步路走得又敏捷，又匀称，又苗条，正如一只可爱的小猫。（朱自清《阿河》）

作补语的一般是谓词性的并列短语，特别是形容词作并列语构成的并列短语。并列短语作补语也有条件，要求补语前边必须有结构助词“得”。

7. 并列短语作中心语。例如：

①〔她〕默默的跑街，扫地，洗菜，淘米。（鲁迅《祝福》）

②灯更亮了，桥上分外的白，空，冷。（老舍《骆驼祥子》）

③刚才发牢骚的朱吟秋和陈君宜也是满脸春色。（茅盾《子夜》）

④齐着船舷的菜叶和垃圾……填没了这只船和那只船之间的空隙。（叶圣陶《多收了三五斗》）

谓词性的并列短语可作状语所修饰的中心语，如例①②便是；体词性的并列短语可作定语所修饰的中心语，如例④④便是。

第八章　兼语短语和顺递短语

一、兼语短语和顺递短语概述

1. 谓词性词语连用的种种情形

谓词性词语连用在一起时，会形成各种结构或格式的短语。试比较以下各组：

第一组：鼓励支持	跳舞唱歌打球	研究审议拟订
第二组：喜欢打排球	学会了跳舞	感到非常高兴
第三组：认真学习	微笑地说	全面真实地反映
第四组：走进去	跌倒	说清楚
第五组：请你作报告	选他当组长	打发他回去
第六组：上街买菜	红着脸说	披衣开门出去

第一组是并列短语，第二组是述宾短语，第三组是状心短语，第四组是述补短语。以上这四种短语可参看前面有关章节。第五组一般称作兼语短语，第六组一般称作连动短语，本书称之为顺递短语。[①] 第五组和第六组也是谓词性词语连用构成的短语，但它们内部的直接成分之间的关系既不是并列关系或述宾

注：在本章的例句里，浪线（～～～）表示兼语短语或顺递短语。单线（——）表示顺递语。

① 参看范晓《关于结构和短语问题》（《中国语文》1980年3期）。

关系，也不是状心关系或述补关系。它们内部的直接成分之间究竟是什么样的关系，是一个十分复杂的问题，语法学界看法很分歧。本书暂按一般的说法，分成兼语短语和顺递短语（连动短语）。

2. 什么是兼语短语

兼语短语是指两个谓词性词语连用在一起所形成的一个动宾结构和一个主谓结构相套接（动宾结构的宾语兼作主谓结构的宾语）的短语。以“请你来”为例，它是由动词短语“请你”和动词“来”连用在一起构成的。“请你”是动宾结构，“你来”是主谓结构；“你”在“请你来”这个短语里既是前边的动词“请”的宾语，又是后边动词“来”的主语，这个“你”就成了“兼语”。[1]

一个最简单的兼语短语至少由三个部分组成：（1）动词，（2）体词，（3）动词。它们排列的线性序列是：动词+体词+动词。若把动词记作V，把体词记作N，兼语短语可记作V_1+N+V_2。但从层次关系上分析，V_1+N+V_2并不是在同一个层次上。“请他来”应分析为：（请+他）+来，即（V_1+N）+V_2。或可图示如下：

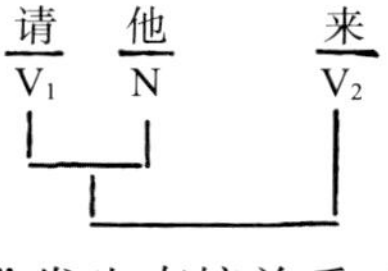

这就是说，“请”和“他”发生直接关系，“请他”和“来”发生直接关系，而N（他）跟V_2之间关系却是间接关系。V_2（来）实际

① “兼语”之说，参看李荣编译的《北京口语语法》第19页和丁声树等著的《现代汉语语法讲话》第112页。

是补充说明V_1N（请他）的。N（他）和V_2（来）单独拿出来可构成一个表述（主谓关系），那是间接成分之间深层的隐性的语法关系，从表层的显性的语法关系上说，N只是V_1的宾语，不能看作V_2的主语。着眼于这一点，兼语短语也可分析为是一种动宾短语作述语的特殊的述补短语。[1]

兼语短语跟某些述宾短语（主谓短语作宾语的述宾短语）有时有纠缠。比较：

A. 我打发他回去。

B. 我主张他回去。

A的"打发他回去"和B的"主张他回去"都是V_1+N+V_2。但它们有区别："打发他回去"的层次构造是$(V_1+N)+V_2$，"主张他回去"的层次构造是$V_1+(N+V_2)$。可见，"打发他回去"是兼语短语；而"主张他回去"则是述宾短语，其中宾语是主谓短语充当的。

3. 什么是顺递短语

顺递短语是指由两个或两个以上的谓词性词语连用在一起，直接成分间具有顺递关系的短语。以"披衣开门出去"为例，它是由"披衣"、"开门"、"出去"这三个谓词性词语构成的，这三个词语也就是这个短语的三个直接成分。顺递短语的直接成分可称作顺递语。顺递语和顺递语之间的关系是顺次递接的，如上述短语中"披衣"、"开门"、"出去"这三件事的发生就是顺次递接的。顺递短语可由两个顺递语组成，也可由两

---

① 参看范晓《关于结构和短语问题》（《中国语文》1980年第3期）。由于"语兼短语"一名已经习用，且这种短语也是汉语语法的特点之一，所以本书仍用上了这一术语。

个以上的顺递语组成。

顺递短语跟谓词构成的并列短语有类似之处，它们大都是多成分结构，即可以在同一层次上延伸直接成分。但两者区别也是明显的：（1）并列短语的并列语之间可插加表示并列关系的连词，而顺递短语是不可以插入连词的。例如：

A. 他喜欢跳舞唱歌打球。

B. 他穿上衣服打开大门出去了。

A 句可说成“他喜欢跳舞唱歌和打球”，说明“跳舞、唱歌、打球”是并列短语；B 句不能说成“他穿上衣服打开大门和出去了”，说明“穿上衣服打开大门出去”不是并列短语，而是顺递短语。（2）并列短语里的并列语之间有时可颠倒次序，而顺递短语中的顺递语之间的次序则不能颠倒。例如并列短语“跳舞唱歌打球”可说成“唱歌跳舞打球”或“打球唱歌跳舞”或“唱歌打球跳舞”都可以成立，结构和意义都不变。但顺递短语“披衣开门出去”如果说成“开门出去披衣”、“出去开门披衣”、“出去披衣开门”，就会显得不通，或者虽能成立却改变了意义。

顺递短语和兼语短语的区别一般是清楚的，但如果一个顺递短语由两个谓词性词语构成，而且在前的顺递短语是个动宾短语，线性的表面形式就跟兼语短语很相象。比较：

A. 我请他吃 | 她选举我当主席

B. 我买饭吃 | 他乘火车去北京

A、B 两例中作谓语的动词短语的线性序列都是 $V_1 + N + V_2$。这时就有一个如何区别的问题。区别的方法是看 N 是不是 V_2 的施事（或客体），或者说看 N 能否跟 V_2 构成表述关系（主谓关系）。凡是 N 是 V_2 的施事（或客体），N 能跟 V_2 构成表述关系的，是兼语短语。例如"我请他吃"里，作为N的"他"是V_2"吃"的施事，能跟V_2构成表述关系，"请他吃"便是兼语短语。又如"我爱他勇敢"里，作为N的"他"是V_2"勇敢"的客体，能跟V_2构成表述关系，"爱他勇敢"便是兼语短语。反之，凡是N不是V_2的施事（或客体），不能跟V_2构成表述关系，V_2和V_1的施事（或客体）是同一的，即V_1和V_2可以分别对同一主语构成表述关系的，则是顺递短语。例如"我买饭吃"里，作为N的"饭"不是V_2"吃"的施事（或客体），V_2（吃）和V_1（买）的施事都是"我"，"买饭吃"便是顺递短语。在有的句子里，N是V_2的施事，而V_1的施事有时也可作V_2的施事，例如："我陪他散步"里，V_2（散步）的施事既可以是"他"（他散步），也可以是"我"（我散步），因为"陪他散步"意味着我和他一块儿散步。在这种情况下，由于N仍是V_2的施事，而且V_2通常是由（V_1 + N）引申出来的，所以"陪他散步"仍可归入兼语短语。

还有些（V_1 + N）+ V_2中的词儿完全相同，但实际上是不同的结构。例如"请医生去"，V_2（去）的动作方向可能有两种：一种是"医生去"，则"请医生去"是兼语短语；另一种是"我去"，则"请医生去"是顺递短语。

二、兼语短语的内部成分

兼语短语的基本格式是（V_1 + N）+ V_2，底下分别叙述它的各个部分。

1. 兼语短语中的V_1

V_1是兼语短语中的主要动词。并不是任何动词都可出现在兼语短语里的V_1的位置上，能作V_1的动词数量是有限的。据我们考察，能作V_1的动词主要有以下八类：

（1）“要求”类。常见的有：要求、求、请求、恳求、祈求、托、委托、拜托、嘱、嘱咐、叮嘱、吩咐、提醒、警告、命令、勒令、通知、号召等等。例如（V_1下加圈儿、下均同）：

①她求娘可怜可怜她！（朱自清《阿河》）

②〔我〕托桂生买豆酱去。（鲁迅《社戏》）

③妻常常叮嘱着张婶换水，加鸟粮，刷笼子。（郑振铎《猫》）

④教练提醒我不要急躁。（倪志钦《别了，2.29米》）

⑤杜林命令老兵迅速用帽子罩住马灯。（刘兆林《雪国热闹镇》）

这类动词表示“要求”、“祈使”、“嘱托”、“命令”等意义。构成的兼语短语“（V_1 + N）+ V_2”可变换成“（V_1 + N）+（要N + V_2）”。如“求娘可怜可怜她”可说成“求娘，要娘可怜可怜她。”

（2）“派遣”类。常见的有：派、派遣、打发、指使、调、提拔、介绍、荐、推荐、请、邀请、招呼、呼唤、叫（“呼唤”“招呼”义）、喊、劝、催、催促、逼、逼迫、强迫，等等。例如：

①母亲派亲信的老妈子去。（朱自清《择偶记》）

②我已经替你请他来了。（曹禺《北京人》）

③你去叫他来。（杨朔《三千里江山》）

④陈老五劝我回屋子里去。（鲁迅《狂人日记》）

⑤战斗员催我们走。（周立波《娘子关前》）

这类动词表示“叫喊”、“催逼”、“调派”等意义。构成的兼语短语“（V_1 + N）+V_2”可变换成“（V_1 + N）+（要N + V_2）”，例如“请他来”可说成“请他，要他来”；还可变换成“把N+（V_1+V_2）”，例如“请他来”可说成“把他请来”。

（3）“培养”类。常见的有培养、培育、辅导、训练、保护、指导、指引、启发、鼓舞、鼓励、动员、支持、鼓动、发动、组织、督促、吸引、吸收，等等。例如：

①领导上培养我做了见习护士。（茹志鹃《高高的白杨树》）

②他鼓励他们养鱼，栽花，种树。（李庄《任弼时同志二三事》）

③它常常鼓舞着我们奋勇前进。（江耀辉《红军鞋》）

④〔萧队长〕鼓动他跟韩老六作斗争。（周立波《暴风骤雨》）

⑤〔咱们〕保护商洛山中百姓不受官兵之灾。（姚雪垠《李自成》）

这类动词表示“培养”、“引导”、“鼓动”、“吸引”等意义。构成的兼语短语“（V_1+N）+V_2”大都能变换成“（V_1+N）+（使N+V_2）”。例如“培养我做了见习护士”，可说成“培养我，使我做了见习护士”。

（4）“陪同”类。常见的有：陪、陪同、送（“陪送”义）、护送、陪送、扶、搀、搀扶、领、带领、率领、引导、领导、帮、帮助、协助，等等。例如：

①我陪你进天山去看一看。（碧野《天山景物记》）

②他送我上车。（朱自清《背影》）

③雷锋扶着老人上了车。（陈广生、崔家骏《雷锋的故事》）

④他领我去串了几家门子。（杨朔《海市》）

⑤他率领队伍继续前进。（刘兆林《雪国热闹镇》）

这类动词表示“陪同”、“带领”、“协助”等意义。构成的兼语短语“（V_1 + N）+ V_2”可变换成“（N 由 x）+（V_1 + V_2）”。[①]例如：“雷锋扶着老人上车”可说“老人由雷锋扶着上车。”这类兼语短语还有个特点：V_2 和 V_1 常常联系着同一个施事，例如“我陪你进天山去看看”，“我”既是 V_1 的施事，也可以是 V_2 的施事（我陪你，我进天山去看看），但跟顺递短语有别，因为N“你”也是 V_2 的施事（你进天山去看看）。

（5）“交给”类。常见的有：给、交、送（“赠送”义）、借、租、赏、赏赐、让给、讲给、递给等等。例如：

①我给你一件东西看。（曹禺《雷雨》）

②他便给他们茴香豆吃。（鲁迅《孔乙己》）

③〔你〕送给我碗茶喝。（老舍《茶馆》）

④我给个东西你看看。（古华《美丽的崖豆村》）

⑤奶奶给粥我吃。（赵元任《汉语口语语法》）

这类动词表示“给予”的意义。V_1 后带有两个体词性成分（带双宾语），其中 N_1 表人，N_2 表物；构成的兼语短语的形式是“（V_1 + N_1 + N_2）+ V_2”或“（V_1 + N_2 + N_1）+ V_2”。这种短语可变换成“（把 N_2 + V_1 + N_1）+ V_2”。如“给你一件东西看看”可说成“把一件东西给你看看”。

（6）“喜怒”类。常见的有：喜欢、爱、羡慕、钦佩、佩服、怨、埋怨、气、恨、痛恨、责怪、责备、害怕、厌恶、嫌（“厌恶”义）、怜悯、表扬、称赞、夸、感谢、祝贺等等。例如：

---

① “由”是介词，“x”表施事。

①我爱他勤奋好学。(《现代汉语八百词》)

②指导员表扬他思想活跃。(刘兆林《雪国热闹镇》)

③我妈总夸你穿着色彩不俗。(王小鹰《片段》)

④老百姓恨官军奸掳烧杀。(姚雪垠《李自成》)

⑤你嫌人家穷。(鄂华《失落的记忆》)

这类动词表示“喜怒哀乐”等心理活动的意义。构成的兼语短语“(V_1 + N) + V_2”可变换成“因为(N + V_2) + 所以(V_1 + N)”。例如:“爱他勤奋好学”可说成“因为他勤奋好学,所以爱他”。

(7)“称呼”类。常见的有:称、称呼、简称、俗称、叫(“称呼”义)、说(“称呼”义)、骂(“贬称”义)、认、追认、封,等等。例如:

①郑佩华亲切地称杨万远为启蒙老师。(《新民晚报》)

②湖南人叫种地的为“作家”。(萧三《创造新人物典型的问题》)

③第二回是带着逃难,别人都说你是傻子。(朱自清《给亡妇》)

④她妈骂她是书虫子。(杨朔《三千里江山》)

⑤我明日就认姨妈做娘。(曹雪芹《红楼梦》)

这类动词表示“称呼”的意义。构成的兼语短语里的 V_2 是个动宾短语,是由“为”、“是”、“做”、“作”等动词和表示称谓的名词性词语构成的。“(V_1 + N) + V_2”大都可变换成“V_1 + N_1 + N_2”。例如:“称杨万远为启蒙老师”可说成“称杨万远启蒙老师”,虽少了一个动词,但基本意义不变。

(8)“有无”类。表示“领有”或“存在”的意义。常见的有：有、没有、存在、剩，等等。例如：

①三仙姑有个女孩叫小芹。（赵树理《小二黑结婚》）

②门外有两个乡下人要进来。（朱自清《阿河》）

③岛上有一处好景致叫花沟。（杨朔《海市》）

④风过去，街上的幌子，小摊，与行人，仿佛都被风卷了走，全不见了，只剩下柳枝随风狂舞。（老舍《骆驼祥子》）

这类动词表示"领有"、"存在"的意义。构成的"（V_1 + N）+ V_2"可变换成"V_1 +（V_2的N）"。例如"有个女孩叫小芹"可说成"有个叫小芹的女孩"。

2. 兼语短语中的N

N是体词，作V_1的宾语。N在语义上大都是V_1的受事。N一般表示"人"，但有时也有表示"物"的。例如："这些自然现象，我国古代劳动人民称它为物候"（初中课本语文第二册《大自然的语言》中的"它"便是）。

N在特定的动态语境里，在显然可知的情况下，有时可不出现。例如"送上新作一篇，请〔N〕批评指正"，这句里V_1（请）后边的N（你）是省略了。又如"他要求〔N〕放他走"，这句里V_1（要求）后面的N（别人）是隐含了。广义地说，隐含也是省略，能添补出词语的省略是"明省"，不能添补出的隐含是"暗省"。

3. 兼语短语中的V_2

（1）V_2是谓词性词语，它可以是一个谓词，也可以是一个谓词性短语。例如（V_2下加点儿）：

①母亲叫闰土坐。（鲁迅《故乡》）

②李老兵嘲笑他浪漫。（刘兆林《雪国热闹镇》）

③我可没逼你做事。（曹禺《北京人》）

④金生催大家坐好。（赵树理《三里湾》）

⑤〔你〕叫他马上就来。（茅盾《子夜》）

⑥老张叫牛犇边吃边喝边讲解。（刘兆林《雪国热闹镇》）

⑦你们逼着我冒着大雪出去。（曹禺《雷雨》）

⑧人家都怕我办事不稳。（陆文夫《围墙》）

这里例①的V_2是动词，例②的V_2是形容词，例③的V_2是述宾短语，例④的V_2是述补短语，例⑤的V_2是状心短语，例⑥的V_2是并列短语，例⑦的V_2是顺递短语，例⑧的V_2是主谓短语。

V_2是什么样的谓词性词语，跟V_1有一定的联系："要求"类、"命令"类、"派遣"类、"培养"类、"陪同"类以及"交给"类的V_1构成的兼语短语，其V_2必定是动词性词语；"喜怒"类的V_1构成的兼语短语，其V_2或者是动词性词语，或者是形容词性词语；"称呼"类的V_1构成的兼语短语，其V_2一定是由"是"、"为"、"做"、"作"等动词构成的动宾短语。

（2）从语义上看，V_2有以下四种情形：

1）V_2表示目的。例如"我委托他办一件事"里的V_2"办一件事"是表示"委托他"（V_1+N）的目的。

2）V_2表示原因。例如"我爱他勤奋好学"里的V_2"勤奋好学"是表示"爱他"（V_1+N）的原因。

3）V_2表示称谓的断定。例如"人们称她为铁女人"里V_2"是铁女人"是对"她"（N）的称谓的断定。

4）V_2 表示存在事物的某种行为或情状。例如“门外有两个人要进来”里，V_2 “要进来”表示“两个人”（N）的行为。

（3）V_2 里的兼语短语

一个大的兼语短语里还包孕着一个或一个以上的兼语短语的，有的语法著作称之为“连串兼语”。[①] 例如：

①我们请老向导领我们顺着南山坡上。（杨朔《香山红叶》）

②他派老兵回班叫炊事员给婴儿做点能吃的东西。（刘兆林《雪国热闹镇》）

③〔我〕找个法文教授辅导你学习法文。（石楠《张玉良传》）

④我拜托小王请张老师辅导我学习日语。

例①②③④各句都是兼语短语作谓语。其中例①②③中的兼语短语里各包孕着另一个兼语短语，例④中的兼语短语包孕着两个兼语短语（两个里一个又为另一个所包孕）。被包孕的兼语短语是作为包孕它的那个兼语短语的 V_2 而存在的。无论连串的兼语短语长度怎样长或包孕的兼语短语数量怎样多，它整体上仍然是一个兼语短语，只不过内部层次比较地多一些或复杂一些而已。连串的兼语短语是 V_2 的一种“兼语”式的延伸扩展。

三、顺递短语的内部成分

1. 作顺递语的词语

顺递语大都是由动词性词语充当的，例如：

---

① “连串兼语”的名称，参看赵元任《汉语口语语法》第 73 页。

①范博文看见林佩珊还是站在那里发怔，就走去 拉一下她的手。（茅盾《子夜》）

②我们便乘电车到海宁路。（朱自清《儿女》）

③他上街里 买酒 去了。（周立波《暴风骤雨》）

例①由动词短语“走去”和“拉一下她的手”作顺递语；例②由动词短语“乘电车”和“到海宁路”作顺递语；例③由动词短语“上街里”、“买酒”和动词“去”作顺递语。各种动词短语（包括动宾短语、动补短语、状心短语、兼语短语以及由动词组成的并列短语、重叠短语等）都可以作顺递语。顺递语有时也可由形容词性词语充当。例如：

①他便又忙着 和他们讲价钱。（朱自清《背影》）

②我硬着头皮 走了。（朱自清《儿女》）

③剪刀忙忙地裁，针线密密地缝，只怕穿在身上不够暖和。（初中课本语文第三册《孟姜女》）

这里例①中的“忙”是形容词作顺递语，例②的“硬着头皮”、例③的“不够暖和”是形容词短语作顺递语。

2. 顺递语之间的关系

顺递语之间的语义关系，是多种多样的，主要有以下几种情形：

（1）表示动作的先后关系

两个或两个以上的顺递语所表示的动作（或事件）在时间上有先有后、互相衔接、连续发生。例如：

①我们推开门进去。（彭荆风《驿路梨花》）

②年青的指导员脱下了自己身上的大衣 盖在我的被子上。（巴金《人间最美好的感情》）

③那人转了身向胡同里跑。（朱自清《回家杂记》）

④乡邮员毫不犹豫地脱袜卷裤下河。（彭见明《那山那人那狗》）

⑤说着，不管三七二十一，走进了马棚抓马套车。（梁斌《播火记》）

以上各例句中的顺递短语里的顺递语之间的关系，在时间上都是有先后关系的。如例①的顺递语"推开门"在先，顺递语"进去"在后；例④的顺递语"脱袜"在先，顺递语"卷裤"在后，顺递语"下河"发生在最后。这类表示先后关系的顺递短语，可用"……以后，然后……"变换。例④可说："脱袜以后，然后卷裤；卷裤以后，然后下河。"

（2）表示动作及其方式

在前的顺递语着重说明后续动作的方式。充当顺递语的谓词后面常带有表示持续状态的助词"着"。例如：

①他微笑着向我点头。（朱自清《哀韦杰三君》）

②几个女人羞红着脸告辞出来。（孙犁《荷花淀》）

③孙处长皱着眉头喃喃地说。（迟松年《秋别》）

④门口挤着堆人，踮着脚尖看热闹。（杨朔《三千里江山》）

这些例句里在前的顺递语用来表示后续动作的方式（或状态）。如例①的顺递语"微笑着"和"向我点头"分别代表两个互相递接而又伴随发生的动作，前者说明后者的方式。这类顺递短语很象状心短语，但有区别，比较：

A. 他微笑着对我说。

B. 他带笑地对我说。

A 是顺递短语作谓语，B 是状心短语作谓语。A 可以分为两个表述：他微笑着 + 他对我说，B 谓词后带有状心结构标志的助词“地”，不能分为两个表述。

表示动作方式的顺递语还有别的一些形式。例如：

①周仲伟闭了眼睛摇头。（茅盾《子夜》）

②〔小尼姑〕低了头只是走。（鲁迅《阿Q正传》）

③老向导笑笑说。（杨朔《香山红叶》）

④我摆摆手走了。（西戎《在住招待所的日子里》）

⑤我们便都挤在船头上看打仗。（鲁迅《社戏》）

⑥她天天坐在窗口做针线。（茅盾《第比利斯的地下印刷所》）

⑦“我们坐火车去么？”“我们坐火车去。”（鲁迅《故乡》）

助词“了”通常表完成态，所以谓词后带“了”的顺递语大都表示先后关系，如“脱了鞋走进房间”，“脱了鞋”在先，“走进房间”在后。但有时“了”相当于“着”，如例①②在前的顺递语里的谓词后边的助词“了”便是。这些“了”都可以换成“着”：闭了眼睛摇头＝闭着眼睛摇头。动词重叠或动词重叠带宾语构成的顺递语，通常也能表示后续动作的方式，如例③④里的“笑笑”、“摆摆手”便是。介词短语作补语的动补短语作顺递语，通常也是表示后续动作的方式的，如例⑤⑥中的“挤在船头上”、“坐在窗口”便是。宾语是动作的工具或处所的动宾短语作顺递语，有时也可表示后续动作的方式，如例⑦的“坐火车”便是。

（3）表示动作及其目的。

表示动作及其目的的顺递短语，通常在前的顺递语是由趋向动词“来”、“去”充当的，在后的顺递语是动作“来”或“去”

的目的。例如：

①我去年也曾经去 游玩过。（鲁迅《社戏》）

②我自己去 交给你父亲！（曹禺《北京人》）

③他来 和我说，要转到我的班上。（朱自清《哀韦杰三君》）

④我不是来 休息的，是来 工作的。（初中课本语文第三册《鞠躬尽瘁》）

这里例①②在前的顺递语是“去”，在后的顺递语“游玩”、“交给你父亲”是“去”的目的；例③④在前的顺递语是“来”，在后的顺递语“和我说”、“休息”、“工作”，都是“来”的目的。也有相反的情形，即趋向动词在后，表示目的的顺递语在前，例如：

①谁知道呢？你问她 去。（鲁迅《范爱农》）

②我买几个橘子 去。（朱自清《背影》）

③小桂儿，你给我喂鸽子 来！（曹禺《北京人》）

这些表示目的的顺递语一般可以调动位置而不改变结构或语义。如：买几个橘子去＝去买几个橘子，给我喂鸽子来＝来给我喂鸽子。放在后面的“来”、“去”读轻声。如果要强调目的，在表示目的的顺递语前还可以加上“来”或“去”。例如：

①我去买几个橘子 去。

②阿齐告诉我，说她二月间来 求娘 来了。（朱自清《阿河》）

有时，“来”、“去”在前并不表示实际的趋向的意义，而只是起标示动作目的或强调后续动作的作用。因此“来”、“去”虚化了。例如：

①我早想写一点文字，来 记念几个青年的作家。（鲁迅《为了忘却的记念》）

②做，要靠想来 指导，想，要靠做来 证明。（胡绳《想和做》）

③我们要完成这个伟大的任务，面临着许多新的问题，需要我们去 认识，去 研究。（高中课本语文第四册《实践是检验真理的唯一标准》）

这些例句中的“来”、“去”跟主语通常不能构成一个表述；如果去掉，句子一般仍能成立，基本意思不变；而且有时候“来”、“去”可互换，如例①说成“去纪念几个青年的作家”也是通的。因此，这种格式也可不看作顺递短语。

在用“来”、“去”作顺递语时，要注意把表示方式的顺递语和表示目的的顺递语区别开来。比较：

A. 看电影去

B. 骑着自行车去

A、B 都是顺递短语，但内部的语义关系不一样：A 里的“看电影”是“去”的目的，B 里的“骑着自行车”是“去”的方式。这种区别也有形式标志的，表现在：（1）A 中的“去”读轻声，B 中的“去”不读轻声；（2）B 中的动词后带有助词“着”，A 中的动词后不带“着”；（3）A 可变换成“去看电影”、“去看电影去”，B 则不能说成“去骑着自行车”、“去骑着自行车去”。但有时可能有歧义，如“坐火车去”，“坐火车”既可分析为“去”的方式，也可分析为“去”的目的，那就要看在具体句子里“去”的读音以及看上下文的关系了。如果“去”读轻声，则“坐火车”是“去”的目的；如果“去”不读轻声，则“坐火车”是“去”的方式。

（4）表示动作的因果关系。

有时两个顺递语表示的动作（或事件）有因果关系。一个是“原因”，另一个是原因引起的结果；一般是表示原因的顺递语在前，表示结果的顺递语在后。例如：

①小二黑发疟疾没去。（赵树理《小二黑结婚》）

②〔吴老太爷〕骑马跌伤了腿。（茅盾《子夜》）

③三千一百多个工业交通企业受灾停产。（马识途《我们打了一个大胜仗》）

这些例句中的“发疟疾没去”、“骑马跌伤了腿”、“受灾停产”都是表示因果关系的顺递短语，它们可以变换成“因……而……”的格式，如例①可说成“因发疟疾而没去。”有时也有表示原因的顺递语在后的。例如：

①刚才是军人残废院鸣炮表示庆祝。（高中课本语文第四册《柏林之围》）

②我动气了，马上写信责备你。（朱自清《给亡妇》）

③他们弹琴歌唱自己幸福的生活。（碧野《天山景物记》）

这些顺递短语也可变换成“因……而……”式，如例①可说“因表示庆祝而鸣炮”。这种后面的顺递语也可看作为前面动作的目的、如例①的“表示庆祝”，可看作“鸣炮”的目的。但由于这类顺递短语能构成“因……而……”式，所以这里放在表示因果关系的类型里。

（5）表示互补关系

顺递语之间有互相补充、互相说明的作用。例如：

①总理抓住他的手不放。(徐迟《地质之光》)

②张素素却板起脸儿不笑。(茅盾《子夜》)

③〔他〕丢下活儿不干呀!(康濯《春种秋收》)

以上例句中的前后两个顺递语用不同的词语表示着相同或相近的动作,在前的顺递语从肯定形式来述说这个动作,后面的顺递语从否定形式来述说这个动作。如例②,“板起脸儿”跟“不笑”所表示的意义相近,前者是肯定形式的说法,后者是否定形式的说法。是互为补充的。

还有一类顺递短语里的顺递语之间的关系也是互补的。例如:

①小柱儿,你拿串糖葫芦吃。(曹禺《北京人》)

②他们在戏台下买豆浆喝。(鲁迅《社戏》)

③快半年了,〔她〕还没捞上一个好角色演。(王小鹰《片段》)

④曾先生,我有一件事拜托你。(曹禺《北京人》)

这类顺递短语很象兼语短语,形式序列都是$V_1 + N + V_2$。但实际上是不同的:兼语短语中的N是V_2的施事(或客体),而这类顺递短语里的N既是V_1的受事,又是V_2的受事。这类顺递短语里两个顺递语之间的关系也是互相补充的,如例②的“买豆浆喝”里,“买豆浆”就是为了“喝”,而要“喝〔豆浆〕”首先就得“买豆浆”。

3. 顺递语关系的复杂化

一个顺递短语里如果只有两个顺递语,顺递语之间的意义关系比较单纯。一个顺递短语有两个以上的顺递语,如果都是先后关系,也还比较单纯;如果掺杂有几种关系,那就较复杂了。例如：

①左先生去打电话叫车。（老舍《骆驼祥子》）

②同志们都笑着出来看大水，大水满脸都红了。（袁静《新儿女英雄传》）

③他住在土房子里脱土坯卖钱。（张贤亮《肖尔布拉克》）

④〔张木匠〕吃过晚饭丢下碗就出去玩去了。（赵树理《登记》）

以上这些例句中的顺递语之间的关系比较复杂。例①的“打电话”表示“叫车”的方式，“打电话”、“叫车”是“去”的目的。例②“笑着”表示“出来”的方式，“看大水”表示“出来”的目的。例③“卖钱”表示“脱土坯”的目的，而“住在土房子里”又是“脱土坯”的方式。例④“吃过晚饭”、“丢下碗”、“出去玩去”是先后关系，“玩”是“出去”和“去”的目的。

4. 顺递短语与兼语短语的套接

有些谓词连用在一起组成的复杂的短语是由顺递短语与兼语短语套接起来的。例如：

①〔孩子〕牵着母亲的衣襟催她走。（鲁迅《祝福》）

②你马上打电话到厂里叫帐房先生来。（茅盾《子夜》）

③〔干部〕叫他回去动员马多寿来参加会议。（赵树理《三里湾》）

④〔荪甫〕吩咐了当差们打电话去请秋律师来。（茅盾《子夜》）

例①的谓语整体上是个顺递短语，在前的顺递语是由动宾短语“牵着母亲的衣襟”充当的，表示后续动作的方式；在后的顺递语是由一个兼语短语“催他走”充当的，这兼语短语包孕在顺递短语之中。例②的谓语整体上也是顺递短语，在后的顺递语是由兼语短语“叫帐房先生来”充当的，表示“打电话到厂里”的目的。例③的谓语整体上是个兼语短语，V_1 是“叫”，N 是“他”，V_2 是“回去动员马多寿来参加会议。”V_2 是个顺递短语，在这个顺递短语里还包孕着兼语短语“动员马多寿来参加会议”；而在这个兼语短语里又包孕着一个顺递短语“来参加会议”。例④的谓语整体上也是一个兼语短语，V_1 是“吩咐”，N 是“当差们”，V_2 是“打电话去请秋律师来。”这 V_2 也是个顺递短语，在这顺递短语里还有个兼语短语“请秋律师来”。象例③④句作谓语的短语里，兼语短语和顺递短语层层套叠，互相包孕，就显得十分复杂。

四、兼语短语和顺递短语的用途

兼语短语和顺递短语在句子里经常地、主要地是用来作谓语。在一定条件下，有时也可用来作定语、主语、宾语以及补语。

1. 兼语短语和顺递短语作谓语。例如：

①他嘱我路上小心。（朱自清《背影》）

②我叫堂倌再添两斤酒。（鲁迅《在酒楼上》）

③我们请老农讲话。（吴伯箫《菜园小记》）

④我盛了一碗野菜坐下来。（刘坚《草地晚餐》）

⑤他骑着车去图书馆。（王蒙《风筝飘带》）

⑥一家人坐在火堆旁揉着红肿的眼睛唉声叹气。（初中课本语文第二册《两棵奇树》）

①②③是兼语短语作谓语的实例，④⑤⑥是顺递短语作谓语的

实例。

2. 兼语短语和顺递短语作定语。例如：

①如是几次，叫他抄书的人也没有了。（鲁迅《孔乙己》）

②请我们看戏的那个人是谁？

③这都是要求我们派人去的地方。（艾明之《浮沉》）

④他们又开始了沉到水底捞出大鱼来的拿手戏。（孙犁《荷花淀》）

⑤到处都是冒着风雪劳动的人。（杜鹏程《夜走灵官峡》）

⑥打电话去请医生的吴少奶奶回来了。（茅盾《子夜》）

①②③是兼语短语作定语的实例，④⑤⑥是顺递短语作定语的实例。兼语短语和顺递短语作定语时，后面一定要带结构助词“的”。

3. 兼语短语和顺递短语作主语。例如：

①叫他们多配一样就是了。（曹雪芹《红楼梦》）

②营救他们脱险是一个刻不容缓的特急任务。（曲波《林海雪原》）

③骑上它（马）爬山就象走平川。（碧野《天山景物记》）

④组织起来走社会主义道路是毛主席的号召。（赵树理《三里湾》）

①②是兼语短语作主语的实例，③④是顺递短语作主语的实例。兼语短语和顺递短语很少作主语，作主语时有严格的条件限制，它要求：谓语是对主语进行判断，说明或描写的；谓语或谓语中心词都是非动作动词，如表示判断的动词、表示评议的动词，或者是形容词。

4. 兼语短语、顺递短语作宾语。例如：

①他的意思是要我死。（鲁迅《狂人日记》）

②这位工作人员坚持叫我收下。（初中课本语文第一册《一件珍贵的衬衫》）

③七月间，新疆戈壁滩炎暑逼人，这时最理想的是骑马上天山。（碧野《天山景物记》）

④他想找个清静的地方练深呼吸、做广播操。（邓友梅《话说陶然亭》）

①②是兼语短语作宾语的实例，③④是顺递短语作宾语的实例。兼语短语和顺递短语作宾语也有严格的条件限制：前面的动词一般是非动作动词，主要是表示判断的动词，或某些表示评议的动词，或心理活动的动词。

5. 兼语短语和顺递短语作补语。例如：

①他的面孔黄里带白，瘦得叫人担心。（阿累《一面》）

②大风刮了三天三夜，刮得只剩下巨人号还在大海里挣扎。

③她饿得躺在床上爬不起来。

④我男人急得围着田梗转啦！（楚良《抢劫即将发生》）

①②是兼语短语作补语的实例，③④是顺递短语作补语的实例。兼语短语和顺递短语作补语也极少，条件是动词和补语之间必须有结构助词“得”。

第九章　重叠短语和复指短语

一、重叠短语和复指短语概述

1. 两种重复的现象

分析汉语的句子，可以发现有两种重复现象。例如：

①场上有好多好多的人。（曹禺《北京人》）

②“实话实话”，杨主任笑了起来。（王宗汉《高洁的青松》）

③“去去去……别说了”容儿狠狠地拧了她一把。（周克芹《山月不知心里事》）

④我的故乡蓬莱是个偎山抱海的故城。（杨朔《海市》）

⑤自然界中生物的发展，终于导致人类这种能改造和征服自然的特殊生物的出现。（李四光《人类的出现》）

⑥这一夜，他们娘儿两个都没有睡着。（峻青《党员登记表》）

例①中的“好多好多”，例②的“实话实话”，例③的“去去去”，例④的“我的故乡蓬莱”，例⑤的“人类这种能改造和征服自然

注：在本章的例句里，浪线（～～～）表示重叠短语或复指短语，单线（——）表示复指语或重叠语。

的特殊生物”，例⑥的“他们娘儿两个”等短语，有一个共同的地方：这些短语都是由两个或两个以上的直接成分构成的，内部的直接成分都有一种重复关系（重复同样的内容）。但它们里面有两种不同的重复，构成两种不同性质的短语，例①②③中的短语是重叠短语，例④⑤⑥中的短语是复指短语。它们的区别，表现在：（1）①②③中的短语是相同词语重叠的重复（如“好多好多”是“好多”的重复出现），所以称作重叠短语；[①] ④⑤⑥中的短语是不同词语重复指称同一事物（如“我的故乡蓬莱”，在句子里“我的故乡”就是“蓬莱”，“蓬莱”就是“我的故乡”），所以称作复指短语。（2）复指短语一般是由体词性词语构成的；而重叠短语既可由体词性词语构成，也可由谓词性词语构成，还可由指别词、副词构成。（3）重叠短语里有时可插入语气词或关连词，如“祖国啊祖国（真可爱）”、“（小皮球）圆又圆”、“（吃了）一碗又一碗”等；复指短语里不能插入此类语气词或关连词。

2. 重叠短语与某些语法现象的区别

重叠短语是由两个或两个以上相同的词语重叠起来构成的短语。一般语法书里没有重叠短语这个概念。但重叠短语是客观存在的。例如“好多好多的人”里，“人”前面的定语是什么呢？是“好多好多”这个短语。那么“好多好多”是什么短语呢？它既不是偏正短语，也不是并列短语，只能解释成重叠短语。要认清重叠短语的特点，除了跟复指短语要加以区别外，还必须替它跟其它某些语法现象划清界限。

---

① 参看范晓《关于结构和短语问题》（《中国语文》1980 年 3 期）和《谈重叠短语》（《语文学习》1983 年 12 期）。

（1）要把重叠短语跟重叠式复合词区别开来。

汉语里有一种重叠式复合词，例如“爸爸”、“妈妈”、“宝宝”、“星星”等。这种复合词跟重叠短语一样，都是通过重叠形式构成的，但实质不一样：重叠式复合词是构词法上的重叠，是词根（构词成分）的重叠；构词法中词根重叠构成的是词，可以收录列入词典。而重叠短语是句法上的重叠，是词的重叠（“实话实话”、“去去去”之类）或短语的重叠（“好多好多”、“快来快来快来”之类）；句法中词或短语重叠构成的是短语，一般不必列入词典。

（2）要把重叠短语跟重叠式变形词区别开来。

重叠式变形词跟重叠短语更加相象，因为变形词也是词的重叠，如“研究研究”、“天天”、“长长”等。但它们本质也不同：变形词是构形法上的重叠，是词的形态变化的手段，因此重叠以后仍算作一个词（与原式不同的变形词）；它表示某种语法意义，如动词重叠表示短时态或尝试态，量词重叠表示“每一”（数）的语法意义，形容词重叠表示程度加深的语法意义等。而重叠式短语是句法上的重叠，重叠后构成短语；它不仅有词的重叠，还有短语的重叠；重叠成分之间可以有停顿（如“好，好，好”之类），或者有某些虚词（如“星星啊星星”之类）；它表示某种语用的或修辞的意义。

（3）要把重叠短语跟并列短语区别开来。

重叠短语和并列短语都可以由两个或两个以上的直接成分构成，各部分关系都是平等的。各种词语都可作它们的内部直接成分。区别在于：重叠短语里作重叠成分（重叠语）的词语是同一的，而并列短语中作并列成分（并列语）的词语是不同一的。比较：

A. 坐坐坐 | 很好很好很好

B. 吃穿用 | 很勤劳很勇敢很质朴

A 是同一个词或短语重叠构成的重叠短语，B 是不同的词或短语构成的并列短语。并列短语中间一般可用表示并列关系的连词加以连接，如："吃、穿以及用"、"很勤劳很勇敢而且很质朴"；重叠短语中间不能插加并列连词。有一种并列短语跟重叠短语很相象。例如：

①种麦人和种麦人彼此谈话。（萧红《生死场》）

②杯子和杯子轻轻地相碰。（艾青《祝酒》）

从表面看，例①里的"种麦人和种麦人"、例②里的"杯子和杯子"似乎都是同一个词的重叠。但实际上不一样，"种麦人"并不是指同一个种麦人，"杯子"也不是指同一个杯子；而且这些短语里还有连词"和"。可见这两例中的短语不是重叠短语，而是并列短语。有的重叠短语里有个"又"字。例如"圆又圆"、"一天又一天"、"一阵又一阵"之类。这类重叠短语跟中间有"又"字的并列短语（如"圆又重"）在形式上似乎相同。实际上也有区别：重叠短语里"又"两边的词语是相同的，并列短语里"又"两边的词语是不同的。并列短语可说成"又……又……"格式，如"圆又重"可说成"又圆又重"；而重叠短语则不行，如"圆又圆"不能说成"又圆又圆"。并列短话中的"又"只出现在某些形容词组成的并列短语里，而重叠语中的"又"不仅可出现在形容词构成的重叠短语里，还可出现在数量短语构成的重叠短语里。即使都是形容词之间插有"又"，表示的意义也不一样，重叠短语是表示同一事物相同性状的程度的加深，而并列短语则表示同一事物有着不同的性状。

3. 复指短语与某些语法现象的区别

复指短语是由两个或两个以上的不同词语紧连在一起构成的指称同一事物的短语。要认清复指短语的特点，除了跟重叠短语要加以区别外，也还需要替它跟其它某些语法现象划清界限。

（1）要把复指短语跟体词性的并列短语区别开来。

复指短语跟体词性的并列短语有相同的一面，表现在：它们的内部成分一般都是由体词性词语充当的，它们都可以由两个或两个以上的直接成分。区别是：复指短语内的直接成分指称的是同一事物，而体词性的并列短语内的直接成分指称的不是同一事物（如“桌子和椅子”）。并列短语内部一般可插加表示并列关系的连词，而复指短语内部不可插加连词。有的短语，如“我李明”、“他一个教书的”之类，有时会有歧义，可以分析为复指短语，也可以分析为并列短语。但在具体的句子里，在一定语境下，歧义会排除。

（2）要把复指短语跟定心短语区别开来。

复指短语跟大多数定心短语的区别比较清楚。但“代词 + 名词”构成的某些名词短语有时会产生歧义，例如：“小王师傅”、“我们老师”之类，可以有两种分析：一种是复指短语，一种是定心短语。为避免误解，在通常情况下，对这种有歧义的短语可采取不同的形式，即偏正短语里插结构助词（“小王的师傅”、“我们的老师”），而复指短语是不能插加助词“的”的。

（3）要把复指短语跟“不相连的复指”区别开来。

不相连的复指，是指前后的词语虽然指称同一事物，但却不能构成短语的复指。[1] 例如：

①我们的战士，我感觉他们是最可爱的人。（魏巍《谁是最可爱的人》）

②沙滩上的人，有的躺在那软绵绵的河滩上睡着了，有的还在谈笑。（峻青《海滨仲夏夜》）

例①的“我们的战士”和“他们”称之为“称代复指”，例②的“沙滩上的人”和两个“有的（人）”一般称之为“总分复指”。这两种虽然也都称“复指”，但跟复指短语有别：复指短语里的复指成分是紧连着并在句中同作某个成分的，而“称代复指”和“总分复指”里互相复指的词语不连在一起，在句中不作同一成分，因而不可能构成复指短语。

（4）要把复指短语跟某些称谓词区别开来。

表示姓名的词加上称谓或职衔的词，可构成表称谓的复指短语，如“张志文先生”、“江华队长”等。这种短语跟某些表称谓的词儿类似。比较：

A. 张志文先生 | 江华队长

B. 张先生 | 江队长

A 组是复指短语，B 组是称谓词。A、B 两组都是表称谓的，且内部成分都有复指关系。但是A 组里内部直接成分都是由词充当的，B 组的作内部直接成分之一的“张”、“江”等都是表姓氏的语素，一般不能单说单用。“张先生”、“江队长”之类一般看作为临时构成的复合词，或看作短语化的词。

① 参看《中学教学语法系统提要》。

二、重叠短语的构造及用途

1. 重叠短语的构造

重叠短语内部的直接成分，叫做重叠语。重叠短语可以由两个重叠语构成，也可超过两个。各种语法性质的词语都能作重叠语。

（1）体词性词语作重叠语。例如：

①他太忙了，会议会议会议，运动运动运动，剩下一点点时间，何茹同志还要他干这干那。（李国文《月食》）

②有些家长以为傅聪是在一味的音乐、音乐、音乐的空气里成长起来的。（吴中杰《艺术家修养的读本》）

③“好歌好歌”，杨主任转过身来，兴致勃勃地说。（王宗汉《高洁的青松》）

④小鸡小鸡你别怪，生下来本是一口菜。（刘克《飞天》）

⑤你啊你，对你真没办法。（石楠《张玉良传》）

例①②是名词作重叠语，例③④是名词短语作重叠语，例⑤是代词作重叠语。名词、代词作重叠语时，重叠语后有时可带语气词“啊”、“呀”等。

（2）动词性词语作重叠语。例如：

①白鸽飞呀飞呀，穿云雾，搏风雨，击长空，整整飞了九十九天，终于飞到宝坪村。（龚叶《昭君故里话昭君》）

②我跑着跑着，跑到了一座老高老高的山上。（杨沫《房客》）

③请袁先生上坐，上坐，上坐。（曹禺《北京人》）

④如果你慢慢地走近去 走近去，它立刻就飞走了。（陈学昭《工作着是美丽的》）

例①②是动词作重叠语，动词作重叠语时有时可带有语气词“呀”、“啊”或时态助词“着”；例③④是动词短语作重叠语。

（3）形容词性词语作重叠语。例如：

①司机慢慢地 慢慢地把车开过去。（唐栋《兵车行》）

②于是，轻轻 轻轻 轻轻地唤你的名字。（纪弦《你的名字》）

③那醉人的绿呀！仿佛一张极大 极大的荷叶铺着，满是奇异的绿呀。（朱自清《温州的踪迹》）

④这确实是极普通 极普通的家信。（金为华《百炼小记》）

例①②是形容词作重叠语，例③④是形容词短语作重叠语。

（4）主谓短语作重叠语。例如：

①一个洋车夫赶上来说，“我去 我去。”（朱自清《回家杂记》）

②你瞧 你瞧，有一件小事差点让我给忘了。（王蒙《说客盈门》）

③我走，我走，我走，我是要走的。（曹禺《北京人》）

④又是你一套工作忙 工作忙。（鲁彦周《归来》）

上面例句中的重叠语都是由主谓短语充当的。这类重叠语之间常有停顿，但在说话急促时也可以不停顿。

（5）数量短语作重叠语。例如：

①一段 一段的山坡上，都长着些不大著名的杂树。（郁

达夫《迟桂花》）

②老一辈人正在一个又一个地走向河的那边。（王蒙《春之声》）

③〔大浪〕一次又一次地向大堤上扑来。（峻青《黎明的河边》）

④软风一阵一阵地吹上人面，怪痒痒的。（茅盾《子夜》）

例①②是物量短语作重叠语，例③④是动量短语作重叠语。

（6）副词作重叠语。例如：

①不不不，我走过的地方危险的还有呢。（唐宁《凉山随笔》）

②子君不再来了，而且永远永远地。（鲁迅《伤逝》）

③谢政委可是个非常非常好的首长。（刘克《飞天》）

④我们特别特别想您，女同学都哭了。（王蒙《组织部新来的青年人》）

（7）拟声词作重叠语。例如：

①那只祖传的老钟从容自在地打起来，……“当、当、当、当、当、当”响了六下。（钱钟书《围城》）

②除了隔壁那只大挂钟嘀哒嘀哒嘀哒的响，满屋子还是静悄悄的没一点声息。（叶文玲《篱下》）

③呜，呜，呜，——汽笛声突然从那边远远的河身弯曲的地方传了来。（茅盾《春蚕》）

④她们轻轻划着船，船两旁的水，哗，哗，哗。（孙犁《荷花淀》）

2. 重叠短语的用途

重叠短语有点象并列短语，它在句子里可作各种成分。重叠短语在句子中作什么成分，跟充当重叠语的词语的语法性质密切相关：体词性词语作重叠语，其用途相当于体词；谓词性词语作重叠语，其用途相当于谓词；副词性词语作重叠语，其用途相当于副词；等等。

（1）重叠短语作主语或宾语。例如：

①霸权、霸权要砸烂！（郭小川《丰收歌》）

②一个字一个字全象冷冷的枪子。（张法《寻求》）

③走进洞里，他觉得很冷很冷。（王亚法《失踪的马队》）

④我走过了一个村庄又一个村庄。（谈楷《微笑》）

例①②是重叠短语作主语，例③④是重叠短语作宾语。作主宾语的重叠短语大都是由体词性词语重叠构成的，但有时也有非体词性词语构成的，如例③的“很冷很冷”。

（2）重叠短语作谓语。例如：

①〔它〕飞呀，飞呀，飞呀，最后掉下来，正是一片碧绿的麦田。（《叶圣陶童话选》）

②童年的诗，常在心中飘呀飘。（鲁兵《金色的窝》）

③我们的东西很少很少。（老舍《月牙儿》）

④许多红色的星星很大很大，可以装得下八十万万个太阳。（郑文光《飞出地球去》）

作谓语的重叠短语一般是由谓词性词语重叠构成的。例如①②里作谓语的重叠短语“飞呀飞呀飞呀”和“飘呀飘”由动词重叠构成，例③④里作谓语的重叠短语“很少很少”和“很大很大”由形容词短语重叠构成。

（3）重叠短语作定语。例如：

①听说在很远很远的地方有一座云梯山。（初中课本语

文第二册《两棵奇树》）

②早听说香山红叶是北京最浓最浓的秋色。（杨朔《香山红叶》）

③〔老通宝〕心里祷祝后天正午会有更多更多的绿芽。（茅盾《春蚕》）

④一支又一支的歌曲激荡着年轻人的心。（王蒙《春之声》）

形容词性词语构成的重叠短语可用来作定语，如①②③的“很远很远”、“最浓最浓”和“更多更多”便是；物量短语也可用来作定语，如例④里的“一支又一支”。此外，名词性词语构成的重叠短语、谓词性词语构成的重叠短语有时也可作定语，但出现得比较少。

（4）重叠短语作状语。例如：

①我永远永远不能忘记，我曾经而且今天还是一个战士。（郭小川《山中》）

②黄老妈妈轻轻地轻轻地给女儿撩开覆在额上的短发。（峻青《党员登记表》）

③你的生命就是这样和我们……紧紧地、紧紧地、紧紧地连在一起。（李瑛《一月的哀思》）

④它一次一次的在我记忆中的碧云上斜挂着。（老舍《月牙儿》）

⑤时间在一分钟一分钟 一秒钟一秒钟地流逝，头发和胡须在一根一根地变白。（王蒙《布礼》）

副词构成的重叠语只能作状语，如例①的“永远永远”；

形容词性词语构成的重叠语也可作状语，如例②③“轻轻地轻轻地”和“紧紧地紧紧地紧紧地”；数量短语也可用来作状语，如例④⑤的“一次一次”、“一分钟一分钟”、“一秒钟一秒钟”、“一根一根”等便是。

（5）重叠短语作补语。例如：

①辣味总是一下就能尝到，甜味却埋得很深很深。（王蒙《春之声》）

②站着纺线……一抽线能拉得很长很长。（吴伯箫《记一辆纺车》）

③九岁的时候，素素当少先队的中队长，爸爸也美得一颠一颠的。（王蒙《风筝飘带》）

④海离子屏住了呼吸轻轻敲门了，敲了一阵又一阵。（刘克《飞天》）

形容词构成的重叠短语可作补语，如例①②中的“很深很深”和“很长很长”；动量短语有时也能作补语，如例③④中的“一颠一颠”和“一阵一阵。”

（6）重叠短语作插语[①]。例如：

①老罗呀老罗，怪不得人家叫你“罗铁夫”！（丘文仲等《罗健夫》）

②团泊洼，团泊洼，你真是这样静静的吗？（郭小川《团泊洼的秋天》）

③你看你看，他跪在地上呢！（曹禺《北京人》）

① 插语，有的语法书上称为“独立成分”或“插说”。

名词构成的重叠短语可作插语，如例①的“老罗呀老罗”和例②的“团泊洼团泊洼”，这样的插语是用来表示称呼对方的。某些主谓短语有时也可作插语，如例③的“你看你看”，还有如“你听你听”、“你想想你想想”等，这样的插语是用来引起对方注意的。

3. 重叠短语的修辞作用

重叠短语一般都是根据表达的需要而出现在某个句子里的，所以当它在句中充当某种句法成分时还有着某种特定的修辞的（或语用的）作用。这主要表现在：

（1）表示强调或突出

有些重叠短语在修辞上是为了强调或突出某个词语。例如“老罗呀老罗，怪不得人家叫你‘罗铁夫’”里，重叠短语是突出“老罗”的；与单说个“老罗”比较，可看出有增强感情的色彩的作用。又如“这确实是极普通极普通的家信”里，重叠短语是强调突出“极普通”的，比之不重叠（“极普通”）的表达，程度上要深一些。又如“坐坐坐，坐下谈吧”里，重叠短语是强调动作“坐”的。又如“不不不，我走过的危险地方还有呢”里，重叠短语“不不不”是强调突出副词“不”，表示强烈的否定。

（2）表示反复或连续

动词性词语构成的重叠语，常用来表示动作的反复或延续。例如“白鸽飞呀飞呀”、“他走啊走啊走啊”里的“飞啊飞啊”、“走啊走啊走啊”，是表示“飞”和“走”的动作连绵不断、反复进行。又如“我跑着跑着，跑到了一座老高老高的山上”里，“跑着跑着”也是表示动作接连不断。拟声词构成的重叠短语，也常用来表示某种声音的连续或反复，例如“祖传的老钟当当当当当当响了六下”，表示“当”这个声音连续反复发出了六次。数量短语构成的重叠短语常表示某个数量反复多次，如“一支又一支的歌曲激荡着年轻人的心”里，表示“一支”反复多次，显示了某种事物数量之“多”。有的由“数＋量＋名”短语构成的重叠短语也可表示连续或反复，如“那儿汽车、电车、和自行车就象海潮一样地一个浪头又一个浪头地涌上去”里，“一个浪头又一个浪头”是表示“浪头”连续不断地、反复地涌起来。

（3）表示语句的节奏

在诗歌里，为了使语句整齐匀称，富于节奏，有时可使用重叠短语来显示。例如：

①小船小船快拢来，送我到工地去干一番。（张永枚《五里流水》）

②小皮球，圆又圆，阿姨带我上公园。（儿歌）

这里例①的“小船小船”和例②中的“圆又圆”都是重叠短语，用在句子里听起来很有节奏，读起来朗朗上口。假如不用重叠短语，说成“小船快拢来”、“小皮球圆”，与上下文配合起来，就失却了节奏感。由于重叠短语有增强语言节奏美的作用，所以在诗歌、歌词和抒情散文中用得相当多。

三、复指短语的构造及用途

1. 复指短语的构造

复指短语内部的直接成分，即互相复指的成分，叫做复指语。复指短语大都由两个复指语组成，也有超过两个的。复指语大都由体词性词语充当的，少数也有谓词性词语充当的。底下分析由两个复指语组成的复指短语的内部构造。

（1）“名＋名”构成的复指短语。这有两种情形：

1）“名词性词语＋名词”构成的。例如：

①理事长 李四光做了《中国地质工作者在科学战线上作了一些什么》的报告。（徐迟《地质之光》）

②房管所的青年瓦工 萧欣，工作很有起色，最近被提升为维修班班长。（于永昌《诚》）

③爹种了财主 黄世仁家六亩地。（贺敬之、丁毅《白毛女》）

④儿媳 四大娘去年就要养洋种的蚕。（茅盾《春蚕》）

⑤那时候有个意大利人 马可·波罗来过中国。（茅以升《中国石拱桥》）

⑥韩麦尔 先生坐在椅子里，一动也不动。（初中课本语文第二册《最后一课》）

以上例句里的复指短语里，在前的一个复指语或是由名词充当，如例③中的“财主”；或是由名词短语充当，如例②中的“青年瓦工”。在后的复指语一定是由名词充当的。这样的复指短语大都指称“人”，它或是表示“职务＋人名”，如例①；或是表示“职业＋人名”，如例②；或是表示“社会身分＋人名”，如例③；或是表示“亲属称谓＋人名”，如例④；或是表示“籍贯＋人名”，如例⑤；或是表示“人名＋称谓”，如例⑥；等等。也有指称非人的“事物”的。例如：

①那条细腰、尖嘴的军犬 “阿利”并没意识到它面临着灾难。（从维熙《狗的死刑》）

②老舍四十年前的小说《小人物自述》最近被上海两位

青年发现。(《新民晚报》)

2)"名词性词语+名词短语"构成的。例如:

①黄有财 这坏蛋向敌人密告了老赵,又密告了咱娘儿俩。(峻青《党员登记表》)

②一吃了晚饭,杨行敏 那组人就一个个溜进了学校。(张天翼《他们和我们》)

③五婶、张木匠、小飞娥 三个人都要动身了。(赵树理《登记》)

④请你把恒元 那一伙人的无理无法的坏事拣大的细细说几件。(赵树理《李有才板话》)

以上例句里的复指短语里,在前的复指语或是由名词充当,如例①的"黄有才";或是由名词短语充当,如例③的"五婶、张木匠、小飞娥"。在后的复指语一定由名词短语充当的。以上复指短语大都指称"人"。也有指称非人的"事物"的。例如:

①蜜蜂 这东西,最爱劳动。(杨朔《荔枝蜜》)

②商品 这个东西,千百万人天天看它,用它,但是熟视无睹。(毛泽东《整顿党的作风》)

③呼和浩特和包头 这两个城市,正是建筑在大青山南麓的沃野之中。(翦伯赞《内蒙访古》)

(2)"代+名"构成的复指短语。例如:

①我 李自成宁为玉碎,不为瓦全。(姚雪垠《李自成》)

②我 这个人心软,顶不会当婆婆了。(曹禺《北京人》)

③他们 三个人整个上午过得很愉快。(杨沫《青春之歌》)

④它还表现在我们 这一代人的一些见解和行为上。(张

洁《挖荠菜》)

上面各例句中的复指短语里,在前的复指语都是由人称代词充当的,在后的复指语是由名词或名词短语充当的。

(3)"名+代"构成的复指短语。例如:

①"宝宝"都上山了,老通宝 他们还是捏着一把汗。(茅盾《春蚕》)

②那两人是蕙英 他们吧?(赵寰、董晓华《三个战友》)

③要说赶车,咱们元茂屯四百户人家,老孙头 我不数第一,也数第二呀。(周立波《暴风骤雨》)

④这一天是四婶 自己煮午饭。(鲁迅《祝福》)

例①②的"老通宝他们"和"蕙英他们"是由指人名词加上表示复数的人称代词构成的复指短语。复数人称代词指称两个以上的人,前边的复指语按理应该有两个以上的人名(如"小王小李他们"),但汉语习惯上却常用一个人名(如"老通宝他们")。例③"老孙头我"是由指人名词加上表示单数的人称代词构成的复指短语。例④是由指人名词加上代词"自己"构成的复指短语。

(4)"代+代"构成的复指短语。例如:

①我们 大家要学习他毫无自私自利之心的精神。(毛泽东《纪念白求恩》)

②他心里装着全体人民,唯独没有他 自己。(初中课本语文第二册《鞠躬尽瘁》)

③懔,你 自己觉得怎么样?(曹禺《雷雨》)

④他们 自己有一套外国话,不传给别人。(老舍《骆驼祥子》)

这些例句中的复指短语里，在前的复指语是一般人称代词充当的，在后的复指语是“大家”或“自己”。代词“大家”指称一定范围内所有的人，所以只能跟复数人称代词构成复指短语，如“我们大家”、“你们大家”等。代词“自己”既可跟单数人称代词构成复指短语，如“他自己”“你自己”；也可跟复数人称代词构成复指短语，如“我们自己”、“他们自己”等。

（5）“谓+名”构成的复指短语。[①] 例如：

①他的回答我原也知道的，是“不知道”三字。（朱自清《哀韦杰三君》）

②一个将近五十岁的人，是应该懂得“慎重”这两个字的分量了。（李国文《月食》）

③学习 这件事本身就使他很兴奋。（邓友梅《话说陶然亭》）

④这种赏光似的迁就，并不只表现在对挖荠菜 这一桩事情上。（张洁《挖荠菜》）

谓词性词语一般不能作复指语，但在一定的条件下，有时也可作复指语，如上述各例中的在前的复指语都是由谓词（如“慎重”、“学习”）或谓词性短语（如“不知道”、“挖荠菜”）充当的。谓词性词语作复指语其条件是：谓词性词语指称事物，因此不妨说是“事物化”或“名物化”，这样的复指短语不能作谓语；后边的复指语一般是由“数+（量）+名”或“指+（量）+名”或“指+数+（量）+名”构成的短语充当的，其中的名词通常是“字”、“事”、“事情”等词儿。

---

① 这里的“谓+名”是指“谓词性词语+名词性词语”。

2. 多项复指语构成的复指短语（多项式复指短语）

三个或三个以上同指一事物的复指语构成的复指短语，可称为多项式复指短语。这有两种情形：

（1）几个复指语在一个层次上复指同一事物。例如：

①过了太和门，就到了紫金城的中心——著名的三大殿：太和殿、中和殿、保和殿。（黄传惕《故宫博物院》）

②〔他〕，一个使敌人闻风丧胆的游击队长，一个口若悬河的宣传部长，一个堂堂大报的主编，对于夫人一点办法也没有，除了唉声叹气。（李国文《月食》）

③糊涂涂 他们 三个人都说“行”。（赵树理《三里湾》）

④秋生 他们 一伙人好象专门跟她开玩笑。（赵树理《田寡妇看瓜》）

上面例句中的短语都由三个复指语组成，这些短语都是复指短语。从充当复指语的词语的性质来看，例①②的复指短语是由“名＋名＋名”构成的，例③④的复指短语是由“名＋代＋名”构成的。这些复指短语的内部三个复指语都在同一层次上，指称同一事物，去掉其中任何一个复指语仍可构成复指短语，而且指称的仍是同一事物。如例①“过了太和门，就到了紫金城的中心——著名的三大殿：太和殿、中和殿、保和殿”，如果任意择取其中一个复指语，就可以分出以下三个基本意义相同的句子：

a. 过了太和门，就到了紫金城的中心。

b. 过了太和门，就到了著名的三大殿。

c. 过了太和门，就到了太和殿、中和殿、保和殿。

（2）几个复指语处在不同层次上，复指同一事物。例如：

①老通宝便带了阿多他们这卖茧子的“远征军”就此出发。(茅盾《春蚕》)

②黎明的山野,在淑英娘儿俩的面前展开。(峻青《党员登记表》)

③你这个记者同志,你“睬”他做甚么?(叶文玲《伉俪曲》)

④声学家苏林教授发现了一件奇怪的事情。(何为《第二次考试》)

上面这些例句里的复指短语内部也各有三个复指语,虽同指一物,但在结构关系上却不是同一层次的。若去掉一个成分,有的就不能构成复指短语。如例①“阿多他们这卖茧子的远征军”,不能说成“阿多这卖茧子的远征军”。这样的复指短语实际上是双成分的;只是其中一个成分里还包含着另一复指短语,换句话说,其中一个复指语是由复指短语充当的。举上例可图示如下:

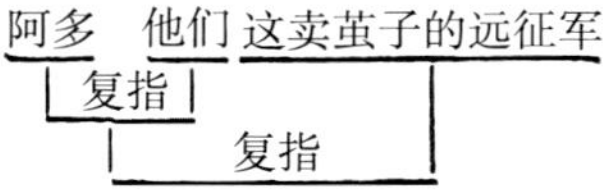

值得注意的是,有些短语里有三个以上的复指语,但不一定是多项式复指短语。例如:

①仪表厂技术员顾影和他的妻子钱毓芬在市郊的一间私房里度过一年新婚生活之后,终于分到了本厂的新工房。(冯永杰《不露面的房东》)

②刚刚吃过晚饭,支部书记王金生的妹妹王玉梅便到旗杆院西房的小学校里来上课。(赵树理《三里湾》)

例①的“仪表厂技术员顾影和他的妻子钱毓芬”这个短语内部有四个复指语，指称两个不同的人，它们不是在一个层次上，可图示如下：

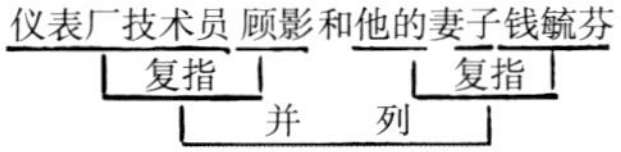

从图中看出，这个组合是个并列短语，其中两个并列语分别由两个复指短语充当的，所以它不是多项式复指短语。例②的“支部书记王金生的妹妹王玉梅”，这个短语内部也有四个复指语，也指称两个不同的人；它们也不在一个层次上。可图示如下：

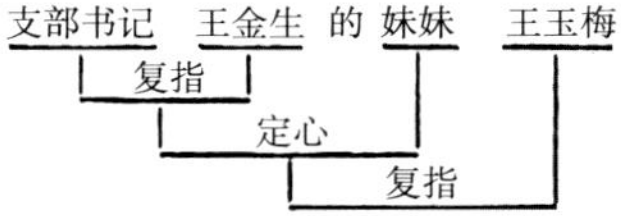

从此图可看出，例②不同于例①：例①是一个并列短语里包孕着两个复指短语，例②是一个大的复指短语里包孕着一个定心短语，而定心短语里包含着一个复指短语。例②虽是复指短语，但其内部的复指语不指同一事物，所以也不是多项式复指短语。

3. 复指短语的用途

复指短语是名词性短语，所以它的用途相当于名词，在句子里主要用来作主语、宾语，有时也可用来作定语。

（1）复指短语作主语。例如：

①生产队长张世荣，一句话不说，背起我就走。（青林《怀念》）

②养蜂员老梁领我们走进大厦。（杨朔《荔枝蜜》）

③喜儿这孩子是我的命啊。（贺敬之、丁毅《白毛女》）

④老黑山公社小屯管理区收购站女主任曹英，到公社开生产会议去了。（骆宾基《在山区收购站》）

上边例句里的复指短语，在句子里都作主语。各种复指短语都能作主语。复指短语作主语时，复指语之间一般没有停顿，但为了强调地复指前一成分所指称的事物的某一方面（名称、身份、性质、特征等等），或为了使前一成分所指称的事物具体化，有时复指语之间可以停顿，书面上可用逗号或破折号隔开。例如：

①店主的母亲，老发奶奶，倒也还在，而且还认识我。（鲁迅《在酒楼上》）

②小陈老爷的儿子——陈大少爷说过，今年上海不太平。（茅盾《春蚕》）

③冯么爸，这个四十多岁的、高高大大的汉子，是一个出了名的醉鬼。（何士光《乡场上》）

（2）复指短语作宾语。例如：

①我今天没有冒犯你老人家啊！（曹禺《北京人》）

②〔徐曼丽〕回头招呼周仲伟他们。（茅盾《子夜》）

③四嫂，别小看我们俩。（老舍《龙须沟》）

④我到了自家的房外，我的母亲早已迎着出来了，接着便飞出了八岁的侄儿宏儿。（鲁迅《故乡》）

这些例句中的复指短语，在句中都作宾语。各种复指短语都能作宾语。复指短语作宾语时，复指语之间一般没有停顿。但为了强调地复指前边成分所指称的事物的某一方面（性质、特征、名称、身份等等），或为了使前一复指语所指称的事物具体化，有时也可以停顿，书面上则用逗号、破折号或冒号隔开。例如：

①我看这些材料中，押地，不实行改租，喜富不赔款，村政权不民主，这四件事最大。（赵树理《李有才板话》）

②东北有三宝：人参、貂皮、乌拉草。（曲波《林海雪原》）

③今年暑假里，我们游览了祖国的首都——北京。

（3）复指短语作定语。例如：

①村长报告了开会的宗旨，就请大家举他两个人的作恶事实。（赵树理《小二黑结婚》）

②他听出了是社主任宋振山的声音。（马烽《停止办公》）

③三仙姑有什么本领能团结这伙青年呢？这秘密在她女儿小芹身上。（赵树理《小二黑结婚》）

④我们少东家叫我到佃户杨白劳家里去给他办一件事。（贺敬之、丁毅《白毛女》）

上面的复指短语在句子里都作定语。只要表达需要，各种复指短语都能作定语。复指短语作定语时大都要带结构助词“的”；但有时也可以不带“的”，如例③。

第十章　派生短语

派生短语是指虚词附着在实词（或短语）上构成的短语。汉语里派生短语究竟有多少，是值得深入探索的一个问题。本章主要阐述方位短语、量词短语、介词短语以及一部分由助词构成的短语。

一、方位短语

方位词附着在实词（或短语）后边构成的短语，叫做方位短语。例如“阳台上”、“杯子里”、“两国间”等。①

1. 方位短语的附着部分（方位词）

单音节的方位词，如“上、下、前、后、里、外、内、中、间、左、右、旁、边、东、西、南、北”等，都是虚词。它们在句子里不能单独作句子成分，主要用来附着在实词或短语上构成方位短语。③ 例如“桌子上”、“箱子里”、“脚底下”、“大门外”等。“之”或“以”构成的复合方位词，如“之上、之下、之内、之外、

注：在本章例句里，浪线（～～～）表示派生短语。

① 有些方位词跟它所附着的成分已结合成一个词，就不是方位短语了。如“晚上”、“早上”、“夜里”、“海外”、“这里”等。

② 文言格式和习惯用语例外，如“上有天堂，下有苏杭”、“前怕狼，后怕虎”之类。

之间、以上、以下、以内、以外、以后、以东等，在句子里大都不能单独作句子成分[①]，当它们附着在实词或短语后面时，也构成方位短语。例如“五人以上”、“两国之间”、“三天以内”等。有些双音节的表示位置的词，如“上面、下面、外边、里边、前头、后头”等，用法比较自由，因此，可以看作体词里的处所词或时间词。[②]

2. 方位词所附着的部分

方位词所附着的部分有两种，一种是实词（主要是名词），另一种是短语。附着在实词上的。例如：

①〔大字报〕贴在墙上、门上、讲台上、黑板上。（刘心武《我爱每一片绿叶》）

②屋子里充满了乱哄哄热闹的声音。（管桦《葛梅》）

③宴会后酒瓶子都被客人要走当了纪念品。（邓友梅《话说陶然亭》）

④这叫桃花虾，肚子里满是子儿，最肥。（杨朔《海市》）

⑤稻场上和小溪边顿时少了那些女人们的踪迹。（茅盾《春蚕》）

例①的“墙上”、“门上”、“讲台上”、“黑板上”、例②的“屋子里”、例③的“宴会后”、例④的“肚子里”、例⑤的“稻场上”、“小溪边”等，都是方位短语。这些方位短语里的方位词都附着在实词上。方位词所附着的实词一般是名词，如上述各例都是。但有时也附着在动词上，例如“学习上”、“研究上”。动词

① “以后”、“以东”有时可单独作句子成分，当它们单独作句子成分时，是时间词或处所词。

② 参看赵元任《汉语口语语法》第七章。

一带上方位词，便构成方位短语并具有了指称性，也就是所谓“名物化”了。

方位词附着在短语上的也不少，例如：

①积雪里会有花。（鲁迅《在酒楼上》）

②一个金黄的鸟笼里，养着一只画眉。（《叶圣陶童话选》）

③宽大的前额下，是一对长长的眼睛。（张洁《爱，是不能忘记的》）

④平屋与楼屋之间，是一个小小的厢房。（朱自清《阿河》）

方位词所附着的短语一般是名词短语，如上边例①②③中方位词前边的“积雪”、“一个金黄的鸟笼”、“宽大的前额”等是定心短语，例④中方位词前边的“平屋与楼屋”是个由名词构成的并列短语。

3. 方位短语所表示的意义

方位短语表示的意义，主要有两类，一是表示处所，例如“黑板上”、“屋子里”、“小溪边”等，都是表示处所的；二是表示时间，例如“宴会后”、“睡觉前”、“上班之前”、“这个月里”等。除此之外，有些方位短语还可表示范围，例如“世界上”、“他的讲话里”、“学术团体内”、“五斤之内”等；有些方位短语还可表示方面，例如“领导上”、“学习上”、“思想上”、“这个问题上”等。

4. 方位短语的用途

方位短语是名词性短语，主要用来作主语，有时也可以作宾语或定语。

（1）方位短语作主语。例如：

①天山上奇珍异品很多。（碧野《天山景物记》）

②院子里有两块草地。（朱自清《阿河》）

③松树的风格中还包含着乐观主义的精神。（陶铸《松树的风格》）

④甜香里带着股清气，很有点鲜荔枝的味儿。（杨朔《荔枝蜜》）

（2）方位短语作宾语。例如：

①子英在乡下，没有事。德清适值在城里，大腿上被刺了一刀。（鲁迅《范爱农》）

②我踏着麦田中间一条羊肠小路，到了还乡河边。（管桦《葛梅》）

③午饭后，……只有我，韦小姐和其它三位小姐在书房里。（朱自清《阿河》）

④她去城里了。

方位短语作动词的宾语，前边的述语通常是动词"在"、"到"以及某些趋向动词和位移动词。

（3）方位短语作定语。例如：

①春天里的花园真美丽！（管桦《葛梅》）

②你说十六年五月京汉线上的战事么？（茅盾《子夜》）

③工作队的年轻的人们唱着《白毛女》里的歌曲。（周立波《暴风骤雨》）

④〔晋祠〕殿前 柱上的木雕盘龙，这是我国现存最早的盘龙殿柱。（梁衡《晋祠》）

方位短语作定语，后边大都要带助词"的"。

二、量词短语

量词附着在实词（或短语）后边构成的短语，叫做量词短语。例如“一本”、“三间”、“一千多块”、“这件”、“那块”等。

1. 量词短语的附着部分（量词）

汉语的量词在句子里不能单独作句子成分，主要用来附着在实词上构成量词短语。[①] 汉语的量词很多，大体上可以分为两大类：一类叫做物量词。它配合名词表示事物的数量。它构成的量词短语称作“物量短语”。例如：

一本（书）　　两个（人）　　三块（肥皂）

一尺（布）　　五斤（糖）　　六亩（水田）

一群（羊）　　八双（筷子）　　三副（手套）

另一类叫做动量词。它配合动词表示动作的次数。它构成的量词短语称作“动量短语”。例如：

（走）一趟　　（来）一次　　（读）三遍

（看）一眼　　（跌）一跤　　（戳）一枪

2. 量词所附着的部分

量词所附着的部分有两种：一种是数词，另一种是指词。

量词附着在数词上构成数量短语。例如：

①杨树浦某厂的条子车间三十二个女工里面，就有二十四个包身工。（夏衍《包身工》）

②七股大水，从水库的桥孔跃出，仿佛七幅闪光黄锦。（李健吾《雨中登泰山》）

---

① 量词重叠以后可单独作句子成分，那是另一种情形。如“个个很勇敢”、“门门得五分”。这类重叠形式相当于“每一个”或“每一门”，在具体句子里指称一定的事物。

③不一会，我已写了三张借条出去，借到两条棉絮，一条被子。（茹志鹃《百合花》）

④雕刻家在乱石旁大哭了一场。（叶圣陶《古代英雄的石像》）

⑤母亲劝说了一回，我才睡熟了。（魏巍《我的老师》）

上边例句中的“三十二个”、“二十四个”、“七股”、“七幅”、“三张”、“两条”、“一回”、“一场”等，都是数量短语。

量词附着在指词上构成指量短语。例如：

①你瞧这群小东西，多听话！（杨朔《荔枝蜜》）

②祖母常常躺在烟榻上讲那边的事，提着这个 那个乡下人的名字。（朱自清《择偶记》）

③一滴汗，两滴汗，不知道多少万滴汗，才挣出那辆车。（老舍《骆驼祥子》）

④个人的希望与努力蒙住了各个人的眼，每个人都觉得赤手空拳可以成家立业。（老舍《骆驼祥子》）

⑤那次由于没有经验，只取得第三名，这次要争取夺得冠军。

上边例句中的“这群”、“这个”、“那个”、“那辆”、“各个”、“每个”“那次”、“这次”等，都是指量短语。有些短语是“指+数+量”组合，如“这两件”、“这一次”、“那两个”之类，也是指量短语，但它是双层次的：指+（数+量），即内部包含着一个数量短语。

3. 量词短语的用途

量词短语在句中可作各种句子成分。它作什么成分，跟量词的性质相关。物量短语主要用来作定语，动量动词主要用来作补语或状语。

（1）量词短语作定语。例如：

①他有一个儿子和一个女儿。（初中课本语文第二册《两棵奇树》）

②她们住着楼上的两间屋子。（朱自清《阿河》）

③仙台有三个瀑布，梅雨瀑最低。（朱自清《温州的踪迹》）

④温两碗酒，要一碟茴香豆。（鲁迅《孔乙己》）

以上都是物量短语作定语的实例。动量短语一般不作定语。有些句子里动量词处在动词和宾语之间，表面上好象是修饰名词，但实际上是作动词的补语。例如：

①素素揉了一下眼睛。（王蒙《风筝飘带》）

②我家养了好几次猫。（郑振铎《猫》）

可以说“揉一下”、“养了好几次”，但不能说“一下眼睛”、“好几次猫”。所以这里的动量短语不是作定语的。但个别动量短语可作定语，如“一个夏天只下过三阵小雨”里的“三阵”便是。这是因为“阵”不仅可作动作“下”的计数单位，也可以作事物“雨”的计数单位。

（2）量词短语作补语。例如：

①看我的份上，你去一趟吧！（曹禺《北京人》）

②这时我象闪电似地踌躇了一下。（朱自清《阿河》）

③小飞蛾翻了张木匠一眼。（赵树理《登记》）

④你骂我一顿吧。（李国文《月食》）

以上都是动量短语作补语，物量短语是不能作补语的。

（3）量词短语作主语或宾语。例如：

①我先是两个学生，一个读《诗经》，一个读《孟子》。（鲁迅《在酒楼上》）

②这个说应该去，那个说不该去，两个人争得面红耳赤。

③住在温泉的人多半喜欢吃这种蜜（荔枝蜜）……热心肠的同志送给我两瓶。（杨朔《荔枝蜜》）

④〔阿Q〕看见王胡在那里赤膊捉虱子……也脱下破夹袄来，翻检了一回……许多工夫，只捉到三四个。（鲁迅《阿Q正传》）

例①②的量词短语"一个"、"这个"、"那个"在句中作主语，例③④的量词短语"两瓶"、"三四个"在句中作宾语。量词短语作主语或宾语的用法，大都是一种替代的用法[①]，即量词短语在一定语境里可以代替"数量名"或"指量名"。例①的"一个"是替代"一个学生"的，例④的"两瓶"是替代"两瓶荔枝蜜"的。量词短语替代什么事物，在书面语里，要通过上下文才能断定。

（4）量词短语作状语。例如：

①他一口喝干了一杯酒。（鲁迅《在酒楼上》）

②人们又一次象疾风卷过水面，向飞机涌去。（方纪《挥手之间》）

③老杨同志等他走了十几步远；故意向大家问道。（赵树理《李有才板话》）

例①的"一口"、例②的"一次"在动词前作状语，例③的"十几步"在形容词前作状语。物量短语一般不能作状语，但它构

---

① 在解释数量的时候，如"一尺等于十寸"，这种量词短语作主宾语没有替代作用。

成的重叠短语却可以。如“果子一篮一篮地堆成了小山”中的“一篮一篮”便是。

（5）量词短语作谓语。例如：

①他今年四十七岁。（周立波《暴风骤雨》）

②阿毛现在五个月了。（朱自清《儿女》）

③“糙米五块，谷三块”。米行里的先生有气没力的回答他们。（叶圣陶《多收了三五斗》）

④五块钱一担，真是碰见了鬼！（叶圣陶《多收了三五斗》）

量词短语作谓语是很少的。只有少数表示年龄、时间、度量意义的物量短语有时可作谓语。如果在作谓语的物量短语前加上一个动词（如“是”、“有”、“值”、“买”、“卖”等），则量词短语便成宾语了。

三、介词短语

介词跟它后边的实词（或短语）组合成的短语，叫做介词短语。例如“从南京”、“在上午”、“把那件事情”、“关于这个问题”等。

1. 介词短语的构造

介词短语由两部分构成：前边部分是介词，后边部分是跟介词结合在一起的实词（或短语）。介词短语大都由介词和体词性词语构成的，但也有少数是由介词和非体词性词语构成的。介词短语的构造，具体分析起来，有以下几种情形：

（1）介词+名词性词语。例如：

①卷着雪片的狂风，把人团团围住。（杜鹏程《夜走灵官峡》）

②主任对艾艾确实有两种相反的估价。（赵树理《登记》）

③石匠们对他的办法又加了点补充。（赵树理《求雨》）

④你为我的捞什子书也费了不少神。（朱自清《给亡妇》）

⑤老通宝从桑树林里走了出来。（茅盾《春蚕》）

例①②是介词和名词构成的介词短语，例③④⑤是介词和名词性短语构成的介词短语。

（2）介词+代词。例如：

①我向她提出了一个无理的要求。（郁达夫《书塾与学堂》）

②他是我的本家，比我长一辈。（鲁迅《祝福》）

③关于她，有许多的传说。（周立波《娘子关前》）

④他朝他们走去。（李国文《月食》）

（3）介词+非名词性词语。例如：

①您对修沟有什么感想？（老舍《龙须沟》）

②祥子由攒钱想到买车。（老舍《骆驼祥子》）

③人们似乎连肚子饿都忘记了。（茅盾《春蚕》）

例①②里的“对修沟”、“由攒钱”是介词和动词短语构成的介词短语，例③里的“连肚子饿”是介词和主谓短语构成的介词短语。这种介词短语比较少。在这种介词短语里，动词短语或主谓短语通常指称一件事，如“对修沟”就是“对修沟这件事。”

2. 介词短语表示的意义

介词短语常跟谓词性词语配合起来用，因此它跟谓词有一定的语义联系。由于各种介词的意义不同，或者由于介词后边的实词（或短语）的意义差异，因此，介词短语跟谓词之间发生关系后所表示的语义也是多种多样的。介词短语所表示的意义，概括起来，主要有以下几种：

（1）表示处所。“在、当、于、从、打、由、向、往、到、沿着、顺着”等介词构成的介词短语能表示这种意义。例如：“在黑板上（写字）”、“从广州（来）”、“向山区（转移）”、“沿着公路（前进）”等等。

（2）表示时间。“在、当、于、从、自从、到”等构成的介词短语能表示这种意义。例如：“在明天早上（动身）”、“当祖国需要的时候（就报名）”、“（建成）于公元前一百年”、“到今天（才知道）”等等。

（3）表示动作的受事。“把、将、对、管”等介词构成的介词短语能表示这种意义。例如：“把门（打开）”、“将这事（告诉他）”、“对研究的对象（进行调查）”、“管他（叫‘狗少’）”等等。

（4）表示动作的施事。“被、叫、让、由”等介词构成的介词短语能表示这种意义。例如：“被狗（咬了）”、“叫人（逼疯了）”、“由他（调遣）”、“让大风（吹倒了）”等等。

（5）表示动作的与事。（动作的传递、服务、指向的对象）。“给、替、为、向、对”等介词构成的介词短语可表示这种意义。例如：“给我（送来）”、“替他（办事）”、“为人民（服务）”、“向小王（借钱）”、“对大家（笑笑）”等等。

（6）表示动作的共事（动作的协同对象）。“和、跟、同、与、比”等介词构成的介词短语能表示这种意义。例如：“和他

（商量）”、“跟男朋友（会面）”、“同各界人士（合作）”、“比我（年轻）”等等。

（7）表示凭借者（包括方式、手段、工具、依据等）。“按、照、按照、依照、据、根据、依据、凭、靠、以、用、拿”等介词构成的介词短语能表示这种意义。例如：“凭常识（判断）”、“靠双手（养活自己）”、“用奇异的目光（盯着）”、“拿学问（唬我）”、“以顽强的意志（战胜了困难）”、“依葫芦（画瓢）”、“按照章程（办事）”、“依据罪状（判刑）”等等。

（8）表示关涉者（跟动作或事件有关的）。“关于、至于、对、对于”等能表示这种意义。例如：“关于待人接物的事（他很有经验）”、“对于他的死（我很悲痛）”、“至于寒假（那是很可利用的）”等等。

（9）表示条件（有：“时机性的”、“陪随出现的”、“排除的”、“包括的”）“趁、随着、除、连”等介词构成的介宾短语能表示这种意义。例如：“趁天气好（玩个痛快）”、“随社会的发展（词义起了变化）”、“除沙土外（没有任何东西）”、“连人和书（一齐失踪）”等等。

（10）表示原因或目的。“因、因为、由于、为、为了”等构成的介词短语能表示这种意义。例如：“因这事（请假）”、“由于对祖国的贡献（受表扬）”、“为老赵的牺牲（悲伤）”、“为了人民的幸福（努力工作）”等等。

3. 介词短语的用途

介词短语在句子里主要作状语，有的介词短语也可作补语或定语。

（1）介词短语作状语。例如：

①我们把船撑过去。（管桦《葛梅》）

②我给他们调解，说好话。（朱自清《儿女》）

③当我醒来时，外面刮着吓人的西北风。（杨沫《房客》）

④我是教研组长，评选会由我主持。（刘心武《我爱每一片绿叶》）

⑤对于灵魂的有无，我自己是向来毫不介意的。（鲁迅《祝福》）

各种介词短语都能作状语。介词短语作状语时的位置有三种情形：有些介词短语作状语只能放在主语和谓语动词之间，"向、往、把、被、给、比"等构成的介词短语便是。有些介词短词作状语时，可放在主语和谓语动词之间，也可放在主语之前，"在、到、从、为、对、按照"等构成的介词短语便是。还有些介词短语作状语时，通常放在主语之前，而极少放在主语和谓语动词之间。"关于、至于、自从、当"等构成的介词短语便是。

（2）介词短语作补语。例如：

①总督府熊熊的火焰冒向天空。（周定舫《人民英雄永垂不朽》）

②〔我〕还看见破的石马倒在地下，一个石羊蹲在草里呢。（鲁迅《社戏》）

③蝉的幼虫初次出现于地面，常常在临近的地方徘徊。（高中课本语文第一册《蝉》）

④额角上有黄豆大的汗粒落在地上。（茅盾《春蚕》）

并不是所有的介词短语都能作补语，能作补语的主要是由"在、到、自、向、于、往、给"等构成的介词短语。

（3）介词短语作定语。例如：

①这十一个字充分表明了当时东林党人在政治上的抱负。（马南邨《事事关心》）

②我也还想打听些关于祥林嫂的消息。（鲁迅《祝福》）

③如今，对幸福的向往已变成了事实。（王耀东《鱼跃龙泉水》）

介词短语作定语比较少，只有“在、到、对、对于、关于”等有限的几个介词构成的介词短语能作定语。介词短语作定语时，后边一定要带结构助词“的”。有些“介词短语+谓词”的组合，当中有“的”无“的”是两种不同的结构。比较：

A组　对那篇文章的评论|在教育上的投资

B组　对那篇文章评论|在教育上投资

A组中间有“的”，是介词短语作定语；B组中间无“的”，是介词短语作状语。

四、“的”字短语

助词“的”附着在实词或短语后边构成的、能代替名词性词语的一种短语，叫做“的”字短语。[①] 例如“教书的”、“卖菜的”、“看热闹的”等。

1. 的字短语所表示的意义

“的”字短语都用来表示事物的（包括“人”、“物”、“事”等）。例如：

①女的叫王二兰，男的叫郑云山。（马烽《结婚现场会》）

① 如果把助词“的”所附着的部分记作x，则广义的“的”字短语是指“x的+名”中的“x的”，甚至包括“x的（地）+动”中的“x的（地）”。本书是指狭义的“的”字短语。

②跌倒的是一个女人。（鲁迅《一件小事》）

③一位拉车的，吞的是粗粮，冒出来的是血。（老舍《骆驼祥子》）

④住家离这最近的也有五六里，远的少说也不下二十多里。（刘厚明《山重山》）

⑤值得注意的是山的南北，自然条件迥乎不同。（翦伯赞《内蒙访古》）

例①②③中的“女的”、“男的”、“跌倒的”、“拉车的”、表示“人”，例③的“吞的”、“冒出来的”表示“物”，例④“最近的”、“远的”表示“路程”或“距离”，例⑤的“值得注意的”表示“事”。

2.“的”字短语的构造

“的”字短语由两部分构成，一是附着部分，即助词“的”；一是“的”所附着的部分，是实词或短语。“的”字短语的构造，主要有以下一些：

（1）“体词性词语＋的”。例如：

①我们有的是洋钱，不买你们的，有别人的好买。（叶圣陶《多收了三五斗》）

②〔他〕希望将我的也送他。（鲁迅《藤野先生》）

③我要买件毛料衣服，不要布的。

（2）“形容词性词语＋的”。例如：

①先进的要带动落后的。（周立波《暴风骤雨》）

②你看那地上冒着烟，红红的是什么？（曹禺《北京人》）

③最可怜的是我的大哥。（鲁迅《狂人日记》）

（3）“区别词＋的”。例如：

①男的是文学家，女的也是文学家。（鲁迅《幸福的家庭》）

②他走近柜台，从腰间伸出手来，满把是银的和铜的。（鲁迅《阿Q正传》）

（4）"动词性词语+的"。例如：

①住的是洋式的公司屋子，吃的是鱼肉荤腥。（夏衍《包身工》）

②这来的便是闰土。（鲁迅《故乡》）

③开渠的开渠，求雨的求雨，谁也妨碍不了谁。（赵树理《求雨》）

④回头人出嫁，哭喊的也有，说要寻死觅活的也有，抬到男家闹得拜不成天地的也有，连花烛都砸了的也有。（鲁迅《祝福》）

（5）"主谓短语+的"。例如：

①我关注的是妇女的命运。（白沉《我关注的是妇女的命运》）

②桌上便有一大碗煮熟了的罗汉豆，就是六一公公送给母亲和我吃的。（鲁迅《社戏》）

③我们反对的是空话连篇言之无物的八股调。（毛泽东《反对党八股》）

3."的"字短语代替名词性词语的规则

"的"字短语可以代替名词，严格地说是代替名词短语"x的+名"（"x"表示修饰名词的那些词语）。从"的"字短语形成的角度来看，"的"字短语也不妨可看作"x的+名"的省略形式，即省略去一个"名"，[1] 剩下的"x的"便是"的"字短语。

---

[1] 这种省略在具体的句子里有明省和暗省之别。省略的名词可见于上下文，能补出的，是明省；虽不能补出，但可意会的，是暗省，也称"隐含"。

例如:“看热闹的=看热闹的人”。但并不是任何“x的+名”都能省去作中心语的名词而变成“的”字短语的。“的”字短语代替名词有一条总的语义规则:在“x的+名”这个定心短语里,凡定语(x)是表示区别性的或分类性的,作为中心语的名词都可以省略,省去了名词后的“x的”是“的”字短语。反之,凡定语(x)不表示区别性或分类性的,作为中心语的名词就不能省略,也就不能变成“的”字短语。[①] 例如:“绿的〔裙子〕”,是区别不同类颜色的裙子,这“绿的”便是“的”字短语;“和煦的阳光”、“美丽的衣服”只是描写性状,这“和煦的”、“美丽的”便不能构成“的”字短语。各类“x的+名”省略“名”构成“的”字短语的具体规律可说明如下:

(1)体词+的+名词。如果前边的体词表示领有者或质料、后边的名词泛指人称或具体物品,作为x的体词就能起区别、分类作用,作为中心语的名词便可省去。例如:北大的〔学生〕|我的〔书〕|上海的〔产品〕|毛料的〔衣服〕。反之,如果前边的体词表示描写或比喻的,作为x的体词就没有区别、分类作用,作为中心语的名词就不可省去。例如:铁的纪律|科学的春天|英雄的战士。

(2)形容词+的+名词。形容词对名词起分类作用的,名词可省去。例如:大的〔孩子〕|红的〔裙子〕|正确的〔意见〕。形容词对名词起描写作用的,名词不可省去,例如,伟大的祖国|辉煌的成就|美丽的衣服。

(3)区别词+的+名词。区别词能起区别、分类作用,名词

① 参看范继淹《“的”字短语代替名词的语义规则》(《中国语文通讯》1979年3期)。

一般能省去。例如：小型的〔拖拉机〕| 中式的〔衣服〕| 主要的〔意义〕| 民用的〔产品〕。

（4）动词＋的＋名词。名词是前边动词的潜主语或潜宾语的，[1] 名词便可省去。例如：站着的〔人〕（人站着）| 挑水的（人）（人挑水）| 吃的〔菜〕（吃菜）| 穿的〔衣服〕（穿衣服）。名词不是动词的潜宾语或潜主语的，名词就不可省。例如：站的姿势（＊站姿势）。

（5）主谓短语＋的＋名词。名词是主谓短语中的动词的潜宾语的，名词便可省去。例如：我说的〔话〕（说话）| 他送给我的〔书〕（送书）| 你提的〔意见〕（提意见）。名词不是主谓短语动词的潜宾语的，名词便不可省去。例如：他说的时候（＊他说时候）。

4."的"字短语的用途。"的"字短语在句中主要用来作主语和宾语。

（1）"的"字短语作主语。例如：

①说这话的是陈君宜。（茅盾《子夜》）

②洗菜的是个女孩子。（孙犁《山地回忆》）

③红的象火，粉的象霞，白的象雪。（朱自清《春》）

④吹到耳边来的又是横笛，很悠扬。（鲁迅《社戏》）

（2）"的"字短语作宾语。例如：

①来客也不少，有送行的，有拿东西的，有送行兼拿东西的。（鲁迅《故乡》）

②男女混合的一群，有坐的，也有蹲的，争论着一个哲学

---

[1] 潜主语、潜宾语是指通过变换可以成为主语或宾语的。

上的问题。（茅盾《风景谈》）

③家中只有老的和小的，人手不够了。（鲁迅《祝福》）

④我们要破坏旧的，建设新的。

五、“所”字短语

1.“所”字短语的构造

助词“所”附着在实词（或短语）上构成的名词性短语，叫做“所”字短语。“所”字短语中的实词主要是动词。“所”字短语数量不多，大都用于书面上较多的语句。“所”字短语有两种格式：

（1）所+动。例如：各取所需 | 所剩很少 | 有所见，有所闻。这种格式的“所”字短语常出现于固定格式里，如“所答非所问”、“大失所望”、“不知所云”、“投其所好”等。

（2）“名+所+动”。例如：据我所知 | 不出我们所料 | 想众人所想。这种格式要跟表示被动用法的“为+名+所+动”区别开来，例如“为我所用”、“为现象所迷惑”之类不是“所”字短语。

2.“所”字短语表示的意义

“所”字短语能代替名词指称事物（包括“人”、“物”、“事”等）。例如：

①我的所爱在山腰。（鲁迅《我的失恋》）

②我的钱所剩已经不多了。

③对于这件事，我所知不多。

上边例①的“所爱”，指称所爱的“人”；例②的“所剩”指称所剩下的“钱”；例③的“我所知”，指称我所知的“事”。

3.“所”字短语的用途

“所”字短语是个名词性短语，主要用来作主语、宾语、定语，还可构成“的”字短语。

（1）“所”字短语作主语和宾语。例如：

①所言动人，听者至少认为别具一见。（凌河《闲话“保护”》）

②你所说未必正确。

③让百万职工老有所学。（《新民晚报》）

④我们应当想人民所想，爱人民所爱。

能作主宾语的“所”字短语不多。作主宾语的“所”字短语，里边的动词限于单音节的。

（2）“所”字短语作定语。例如：

①过去所受的苦，无非为是买上车。（老舍《骆驼祥子》）

②祥子还想着曹先生所嘱托的话。（老舍《骆驼祥子》）

③以前他所看不上的事，现在他都觉得有些意思。（老舍《骆驼祥子》）

④这是芦苇河公社猎户胡喜春所养的围狗。（骆宾基《在山区收购站》）

在定语的“所”字短语，动词不限于单音节，如例②的“嘱托”便是。

（3）“所”字短语可构成“的”字短语，在句子里作主语或宾语。例如：

①我们所要介绍的是祥子，不是骆驼。（老舍《骆驼祥子》）

②他所写的，所说的，都无非是一个没有失掉良心的中

国人的话！（闻一多《最后一次讲演》）

③大家所知道的就是这一点。（鲁迅《祝福》）

④〔祥子〕因急于记住曹先生所嘱咐的，不敢再问。（老舍《骆驼祥子》）

⑤闰土心里有无穷无尽的希奇事，都是我往常的朋友所不知道的。（鲁迅《故乡》）

"所"字短语构成的"的"字短语，是代替"〔名〕+所+动+的+名"结构的名词短语，如"所用的"代替"所用的方法"，"他所说的"，代替"他所说的话"。也可说是由"〔名〕+所+动+的+名"省去作中心语的名词构成的。这种"的"字附着在"所"字短语上构成的"的"字短语所指称的事物通常是"所"字短语里的动词的受事。例如"所说的〔话〕"，"话"是"说"的受事。

六、"似的"短语

1. 什么是"似的"短语

助词"似的"（包括"也似的"、"般"、"一般"、"样"、"一样"等）附着在实词（或短语）后边构成的短语，叫做"似的"短语。例如：

①那是一个黑瘦的，乞丐似的男子。（鲁迅《铸剑》）

②那乌鸦张开两翅，……箭也似的飞去了。（鲁迅《药》）

③暴风雨夹着栗子般大的冰雹，不分点地倾泻下来。（王愿坚《七根火柴》）

④我的心头擂鼓一般跳动。（林斤澜《台湾姑娘》）

⑤她笔直站在窗前，脸色石灰一样又干又白。（林斤澜《台湾姑娘》）

上边例句中的"乞丐似的"、"箭也似的"、"栗子般"、"擂鼓一般"、"石灰一样"等短语，都是"似的"短语。[①] 这种短语具有比况（比喻、比拟）意义，如"乞丐似的男子"，是比况那男子形似乞丐。又如"脸色石灰一样又干又白"，是比况那脸色白得象石灰。所以有的语法著作称这种短语为"比况短语"。假如将上述被附着的部分记作x，则这类短语可记作"x 似的"。"x 似的"常跟表示比况意义的"象、好象、如、犹如、仿佛、跟"等动词配合起来，构成"象x 似的"格式。（表比况的动词以"象"作代表）。例如：

①还有一种象棉花团似的白云，叫积云。（初中课本语文第二册《看云识天气》）

②豆叶上和西蔓谷上的露水，好象无数银珠似的幌眼睛。（周立波《暴风骤雨》）

③水面常如镜子一般。（朱自清《阿河》）

④一位荷枪的战士，面向着东方，严肃地站在那里，犹如雕像一般。（茅盾《风景谈》）

⑤卫老婆子仿佛卸了一肩重担似的嘘一口气。（鲁迅《祝福》）

⑥午饭是单调得要命的扁豆汤和一磅半几乎跟煤一样黑的面包。（初中课本语文第四册《筑路》）

这种"象x 似的"短语，所表示的意义和用法跟"x 似的"是一样的，所以也可看作为"似的"短语的一种。这样，"似的"短语就有两种基本形式：即"x 似的"和"象x 似的"，合起来可记

① 因这类短语的附着部分以"似的"为最多，所以用"似的"作为代表，称为"似的"短语。

作“〔象〕x 似的”。

2. “似的”短语里的x

“〔象〕x 似的”里的x，主要有三种词语：

（1）x 是名词性词语。例如：

①小东西石头似的站在那儿。（曹禺《日出》）

②他傻子似的抱着碗一气喝完。（老舍《骆驼祥子》）

③白茫茫的风雪，象一团烟雾似的遮住了半山坡。（峻青《党员登记表》）

④你朝着它策马前去，就很容易发现在三四丈宽的一圈沁绿的酥油草丛里，发现象夏天夜空里的繁星似的蘑菇。（碧野《天山景物记》）

上边例句中“石头似的”、“傻子似的”、“象一团烟雾似的”、“象夏天夜空里的繁星似的”等，都是“似的”短语。这些“似的”短语里的x有的是名词（“石头”、“傻子”），有的是名词短语（“一团烟雾”“夏天夜空里的繁星”）。

（2）x 是动词性词语。例如：

①黑夜，寂静得象死一般的黑夜。（夏衍《包身工》）

②时间象逃跑一般过去，转眼就是两年。（《叶圣陶童话选》）

③不论走进哪一家蒙古包，好客的哈萨克牧民都会象对待亲兄弟似的热情地接待你。（碧野《天山景物记》）

④这部老爷车象得了气管炎似的干咳两声。（李国文《月食》）

上边例句里的“象死一般”、“象逃跑一般”、“象对待亲兄弟似的”、“象得了气管炎似的”等，都是“似的”短语。这些“似的”短语里的x有的是动词（“死”、“逃跑”），有的是动词短语（“对待亲兄弟”、“得了气管炎”）。

（3）x是主谓短语。例如：

①小船箭出弦一般窜进淀里。（孙犁《白洋淀纪事》）

②机场上响起了一阵雷鸣般的掌声。（方纪《挥手之间》）

③〔他〕很象久饿的人见了食物一般眼里闪出一种攫取的光。（鲁迅《药》）

④这个亭踞在突出的一角的岩石上，上下都空空儿的，仿佛一只苍鹰展着翼翅浮在天宇中一般。（朱自清《温州的踪迹》）

这些例句里的“箭出弦一般”、“雷鸣般”、“仿佛一只苍鹰展着翼翅浮在天宇中一般”等都是“似的短语”。这些“似的”短语里的x都是主谓短语。

3.“似的”短语的用途

“似的”短语是个谓词性词语，主要用来作定语、状语、补语和谓语。有时还能作宾语，但极少。

（1）“似的”短语作定语。例如：

①北面的天边出现了墨似的乌云。（老舍《骆驼祥子》）

②在太阳下，那点点水泡似的蒙古包闪着白光。（碧野《天山景物记》）

③黄花丛里，有时会挺起一枝火焰般的野百合花。（杨朔《海市》）

④孩子们呵着冻得通红，象紫芽姜一般的小手，七八个一齐来塑雪罗汉。（鲁迅《雪》）

⑤镜子一样的水面，这里那里起了几道皱纹或是小小的涡旋。（茅盾《春蚕》）

“似的”短语作定语时，助词如果是“般”、“一般”、“样”、“一样”，后边要带结构助词“的”，如例③④⑤；如果助词是“似的”，后边就不再带“的”，如例①②。

（2）“似的”短语作状语。例如：

①水从悬崖上象条飞练似的泻下。（碧野《天山景物记》）

②收茧人象走马灯似地在村子里巡回。（茅盾《春蚕》）

③海燕叫喊着，象黑色的闪电，箭一般地穿过乌云。（初中课本语文第六册《海燕》）

④各处的米象潮水一样涌出来。（叶圣陶《多收了三五斗》）

⑤一注阳光象闪电样落在左边峭壁上。（刘白羽《长江三峡》）

“似的”短语作状语时，助词如果是“般”、“一般”、“样”、“一样”，后边可带助词“地”或“的”，如例③；也可不带，如例④⑤；助词如果是“似的”（在状语位置上有时写作“似地”），后边不再带“的”或“地”。

（3）“似的”短语作补语。例如：

①饿了三天，火气降下去，身上软得象皮糖似的。（老舍《骆驼祥子》）

②脚冷得象冰似的。（曹禺《北京人》）

③颜色竟那么浓，浓得好象要流下来似的。（杨朔《泰山极顶》）

④〔她〕瘦得象芦柴棒一样。(夏衍《包身工》)

⑤老宋是个结实精干的壮年人,机灵得象海马一样。(杨朔《海市》)

"似的"短语作补语时,前边有结构助词"得"。

(4)"似的"短语作谓语。例如:

①高高的山壁上有几个天然的石洞,三层楼的亭子间似的。(茅盾《风景谈》)

②他转身,放开步,往回走,疯了似的。(老舍《骆驼祥子》)

③街上的柳树象病了似的。(老舍《骆驼祥子》)

④海上劈面立起一片从来没见过的山峦,黑苍苍的,象水墨画一样。(杨朔《海市》)

后　　记

朱德熙先生说过：印欧语里句子的构造原则跟短语的构造原则有明显的区别，而汉语里句子的构造原则跟短语的构造原则基本一致。如果我们把各类短语的结构和功能都足够详细地描写清楚了，那末句子的结构实际上也就描写清楚了（参看《语法答问》72页、74页）。可见，跟印欧语言比较，汉语的短语显得特别重要。本书写作的目的，就是想在大量语言事实的基础上对汉语的各类短语的内部结构和外部功能进行比较系统的描写。但这种描写还谈不上“足够详细”，只能说是初步的、概要的。

短语的研究，这几年来汉语语法学界比较重视，但总的来说，还是汉语语法研究中的薄弱环节。鉴于此，本人几年来化了较多的时间来研究短语。本书的写作，一方面注意吸收前人的研究成果；另一方面也不囿于成说。书中发表了本人的一些研究心得，有些看法是带有探索性的。为便于读者阅读，本书行文力求通俗易懂。

本书于一九八六年三月定稿。在写作过程中，李曙同志帮助我收集了一些材料并誊写了全稿。在此，仅向她表示衷心的感谢。

限于水平，本书一定存在着一些不足之处，敬请读者批评指正。

范　晓

1987年2月4日于复旦大学